Staats- und sozialwissenschaftliche Forschungen

herausgegeben

von

Gustav Schmoller und **Max Sering.**

Heft 124.

Gerhard Bückling, Die Bozener Märkte bis zum Dreifsigjährigen Kriege.

Leipzig,
Verlag von Duncker & Humblot.
1907.

Die Bozener Märkte

bis zum Dreiſsigjährigen Kriege.

Auf der Stadt Bozen Keller tief,
Groſs Märckt unnd Gewerb, kurtze Schuldbrief.
(Tiroler Landreim 1558.)

Von

Gerhard Bückling.

Leipzig,
Verlag von Duncker & Humblot.
1907.

Vorwort.

Es ist mir angenehme Pflicht, an dieser Stelle der Archivverwaltungen zu Augsburg, Innsbruck, Trient, Verona und vor allem Bozen zu gedenken, die mir ihre Schätze zugänglich gemacht haben.

Aber darüber hinaus wurde mir jederzeit, auch persönliche, freundliche Unterstützung und Förderung meiner Studien zuteil. Ich habe hier vor allen Dingen Herrn Professor Dr. v. Voltelini und Herrn Archivkonzipisten Dr. Moeser in Innsbruck zu danken.

Die Anregung zu vorliegender Arbeit erhielt ich von Herrn Professor Dr. Schulte in Bonn. Dafür sowohl, wie für das warme Interesse und den wertvollsten Rat, mit dem er meine Studien begleitete, danke ich ihm herzlichst.

Wolgast, Neuvorpommern, Dezember 1906.

Gerhard Bückling.

Inhaltsverzeichnis.

Erster Abschnitt.

Einleitung: Entwicklung Bozens, vorzüglich im 13. Jahrhundert.

Aus dem 13. Jahrhundert stammen die ersten eingehenden Nachrichten über die Bozener Geschichte. Damals aber und schon früher war der Ruf der Stadt weit über die Marken der engeren Heimat gedrungen. Aber nicht die Schönheit des Gartens von Tirol war es, die man in beredten Worten pries, nicht die Kunst in gewerblichen Leistungen der Stadt, die man feierte, nicht die Bedeutung für die Wissenschaft, die an ihr hervorgehoben wurde; die Herrlichkeit dieser gottbegnadeten Gegend machte sich bei aller Welt in weit elementarerer Weise geltend: Der Mann, der den Schlägen seines bösen Weibes entflieht, geht nach Innsbruck und erholt sich von überstandener Not beim guten Bozener Wein (übles Weib). Die Nachtigall kann durch ihren süfsen Schall das Herz des Menschen nicht höher erfreuen, wenn sie auch allen Wein trinkt, der zu Bozen gewachsen ist (Wolfram); und von ergreifender Komik ist die Schilderung einer glorreichen Rückkehr Barbarossas aus Italien: Das von Ruhm gekrönte Heer mufs dem Bozener Weingotte unterliegen und kann nur noch in dem desolatesten Zustande weiter über den Brenner nach Hause abziehen [1].

[1] Die Berühmtheit der Alpenweine datiert schon seit den Tagen des Augustus. Damals hatte der rätische Wein einen Ehrenplatz an der kaiserlichen Tafel. H. Nissen, Ital. Landeskunde. Berlin 1883, Bd. I, S. 168.

So wird auch die exponierte Lage der Stadt viel zu dieser Bekanntschaft mit ihren Vorzügen beigetragen haben. Ein groſser Teil der Römerzüge — wie der eben erwähnte — ging ja über Verona, die Bischofsstadt Trient nach Bozen und zog sich von da weiter über den damals noch in sehr unvollkommenem baulichen Zustande befindlichen, nordostwärts Bozens liegenden Ritten nach dem Brenner hin. Auch der Handel ging, wie wir im folgenden sehen werden, im 13. Jahrhundert diesen Weg. Doch ist es möglich, daſs er gegenüber dem Saumpfade die dem Wagenverkehr zugängliche Straſse nach Meran und übers Reschenscheideck bevorzugt hat. Es würde in diesem Umstande wenigstens ein Grund dafür zu finden sein, daſs, soweit aus der Topographie der Stadt auf eine zielbewuſst vorgenommene Anlage geschlossen werden darf, diese eben nach dem von Meran kommenden Wege über die Brücke des in den Eisack mündenden Talferbaches orientiert ist. Diese Anlage, die die Laubengasse, den Obstmarkt und einen Teil der Dominikanergasse umfaſste[1], tritt uns im 13. Jahrhundert als ummauertes Burgum entgegen[2].

Einen ganz andern Charakter als dieses sogen. burgum vetus trägt das burgum novum, das südwärts den Winkel zwischen der Talfer und dem Eisack ausfüllt. Diese zweite Ansiedlung ist durch die Eisackbrücke, deren Lage ihrerseits wohl wieder durch die Verhältnisse des vor der Mündung der Talfer zu starken Stromschnellen neigenden Flusses bedingt wurde, nicht beeinfluſst. Das regellose Gewirre von Wegen und Straſsen läſst in diesem Stadtteile, der noch heutzutage von Obstgärten und Weinpflanzungen durchzogen ist, jede Ordnung vermissen. Die Mauern fehlen. Und während die Wortzinse im burgum vetus — der Trienter Bischof war in beiden Teilen der Grundherr — in zwei Fällen, die nachgewiesen werden können, den gleichen Satz von 15 Solidi betrugen[3], waren sie im burgum novum anscheinend verschieden bemessen[4]. Kurz, alles weist auf den fundamentalen Unterschied hin: Das alte Burgum ist eine Gründung nach vorbedachtem Plane, das neue ist langsam entstanden. Über die Gründungs- bezw. Entstehungszeiten ist schlechterdings nichts bekannt. Zum ersten Male wird Bozen erwähnt in der Langobardengeschichte des Paulus Diaconus[5]. So ist die Möglichkeit vorhanden, daſs das sogen. burgum novum, der Ausbau

[1] J. Ladurner, Die Edlen von Wanga. Tiroler Archiv II, S. 239.

[2] Vgl. v. Voltelini, Acta Tiroliensia, Bd. II (Notariatsimbreviaturen. Ortsnamenregister: Bozen).

[3] Urkunden von 1214 und 1286 im Repertorium Archivii episcopalis Tridentini. Archivio vescovile. Trento.

[4] Acta Tiroliensia, Nr. 663 u. 784. Die Ortsangaben dieser Häuser lassen auf eine Lage auſserhalb der skizzierten alten Burg schlieſsen.

[5] Hist. Lang. V, 6 (MG. SS. rer. Lang. 156).

alter Wege, der ältere Teil ist, der Teil, auf den das Burgrecht[1] vom burgum vetus später übertragen wurde.

Sicherer ist die Entstehung eines dritten Teiles zu datieren, in dem die Edlen von Wanga die Grund- und Gerichtsherren waren. Er geht in die erste Hälfte des 13. Jahrhunderts zurück[2] und lag nordwestlich vom alten Burgum aus[3].

Der Charakter der Stadt ist schon in jener Zeit vorwiegend der Charakter einer Handelsstadt; einer Kaufmannsansiedlung[4] in dem Sinne jedoch, in welchem unter „negotiatores et cives“ die gesamte gewerbetreibende und Handwerkerbevölkerung mitverstanden wird. In Urkunden und Verträgen tritt dieser Stand stets mit besonderer Prägnanz hervor[5]. Die Bürger dürfen weder dem Ritterstande beitreten, noch ihre Häuser an Ritter verkaufen[6]. In der Neustadt Egna erhalten die Kaufleute besondere Rechte nach Art der Bozener Händler, die in der Zollbefreiung im Bistum Trient und in gewissen Begünstigungen im Privat- und Strafrechte bestanden[7]. Im Jahre 1202 endlich werden die Bozener Märkte zum ersten Male urkundlich erwähnt[8].

Es handelt sich um einen Vertrag zwischen dem Trienter und Brixener Bischofe zwecks Zollerleichterung der Brixener Bistumsleute und der Bozener Kaufleute; eine Urkunde, die, im allgemeinen für die Geschichte des Handels in jener Zeit und in jenen Gegenden bedeutsam, speziell die Jahresmärkte nur mit einer kurzen Erwähnung berührt, aber doch ein helles Licht wirft auf die Bedeutung der damaligen Handelsstadt Bozen. So mag ein näheres Eingehen auf den Inhalt der Urkunde berechtigt sein.

Die Zollvorteile, die sich beide Parteien, der Trienter Bischof und der Brixener, gegenseitig auf ihren Territorien einräumen, sollten gelten im Bistum Brixen für die Bozener

---

[1] Rietschel, Markt und Stadt, S. 178 ff.

[2] Ladurner, Tiroler Archiv II S. 237; vgl. auch S. 257 f. und 269 ff.

[3] Die Angaben über die Lokalität aber widersprechen sich: Ohne Belege anzuführen, erklärt Ladurner die jetzige Hinter- und Bindergasse, Simeoner (Gesch. der Stadt Bozen, S. 200) die Prediger-, Dominikaner- und Fleischergasse für den betreffenden Ort. Im 16. Jahrhundert hiefs das alte Wangerviertel „Dreigassen“.

[4] Vgl. auch Keutgen, Deutsche Stadtverfassung, S. 49 f. über die Bevölkerung in den Burgen.

[5] Schon Jäger, Geschichte der landständischen Verfassung Tirols S. 668 macht darauf aufmerksam. Eine gewisse Gruppe von Leuten „qui emunt et vendunt“ scheint in der ersten Hälfte des 13. Jahrhunderts Steuerfreiheit beansprucht zu haben. Kogler, Das landesfürstliche Steuerwesen in Tirol, Archiv f. österr. Gesch. Bd. 91, S. 615 ff.

[6] Kogler S. 614.

[7] Im Jahre 1189. Fontes rer. Austr., Abt. V Bd. 2, Nr. 35 (Codex Wangianus).

[8] Ebenda Nr. 68.

diesseits der Orte Wibtewald und Iswald[1]; im Bistum Trient aber für die Brixener Bistumsangehörigen bis zur Avisusbrücke (Evisbach, ungefähr in der Mitte zwischen Neumarkt und Trient in die Etsch mündend). Und zwar werden folgende Fälle des weiteren vorgesehen, folgende Zölle festgesetzt:

a) für die Brixener Bistumsangehörigen:

1. Dafs sie selbst Handel treiben oberhalb der Evisbrücke (zollfrei);
2. dafs sie selbst Handel treiben unterhalb der Evisbrücke (1 Augustensis)[2];
3. sollen sie nicht für Fremde die bewilligten Zollvorteile in Anspruch nehmen.

Welche Mannigfaltigkeit der Bestimmungen auf der anderen Seite!

b) für die Bozener:

I. Bozener Handel innerhalb der statuierten Grenzen:
1. Einkauf der Bozener im Brixener Bistumsgebiet
   a) von den Brixener Bistumsangehörigen (zollfrei),
   b) von auswärtigen Kaufleuten (4 Augustenses);
2. Verkauf der Bozener innerhalb der satuierten Grenzen
   a) an die Brixener Bistumsleute (zollfrei),
   b) an fremde Kaufleute (1 Augustensis).

II. Bozener Handel aufserhalb der statuierten Grenzen (1 Augustensis[3]).

Auf den Jahrmärkten in Bozen und auf denen, die im Bistum Brixen errichtet sind, sollen die Bozener und die Einwohner im Brixener Bistum[4] gleiche Rechte haben.

Freilich schliefsen die beiden Fälle, die für die Brixener Bistumsleute vorhergesehen sind, die ganze Skala der für die Bozener beobachteten Möglichkeiten nicht aus. So wird denn das zum mindesten zuzugeben sein, dafs die Gesichtspunkte, die für beide Kontrahenten beim Abschlusse des Vertrages in Betracht kamen, völlig verschieden waren. So ist die Absicht des Brixener Bischofs, der den Handel der Bozener mit seinen Untertaneu abgabenfrei beläfst, den Handel Bozens mit auswärtigen Kaufleuten aber hoch besteuert, offenbar die, den Transithandel nach Kräften auszubeuten. Von seiten Trients

---

[1] Kink, der Herausgeber des Codex Wangianus, bemerkt, dafs Wibtewald wahrscheinlich der Ort Mittewald ist, unterhalb dessen das weltliche Gebiet des Bischofs von Brixen begann. Iswald sei nicht bestimmbar.

[2] Der Herausgeber übersetzt: Augsburger. Die Zollsätze gelten für den Saum.

[3] Für Pech, Öl oder Honig 2 aug.

[4] Kink übersetzt immer irreführend: Brixener, Brixener Märkte usw.

aber wurden solche Schutzzölle gegen die Brixener nicht errichtet.

Die allgemeine händlerische Stellung Bozens betreffend wird aber das zu betonen sein, daſs ein Territorium dem Nachbarterritorium zugunsten einer seiner Städte wichtige Zugeständnisse macht, daſs eine Stadt gegenüber einem Territorium mit Handelsvergünstigungen ausgestattet wird, und daſs sie für diese Begünstigungen dem Territorium gleichartige Privilegien als Rekompens zu gewähren vermag. So groſs die Bedeutung von Brixen und Trient für beide Bistümer gewesen sein mag: Bozen erscheint schon damals als der merkantile Vorort.

Die Zeugnisse hierfür werden nun im folgenden noch kurz zu erweitern sein. Was wir über den Verkehr zwischen Deutschland und Italien im 13. Jahrhundert wissen, ist zwar sehr allgemein: der Handel war erheblich und regelmäſsig[1]; in der Zollordnung an der Wertacher Brücke in Augsburg wird 1286 der Verkehr nach Wälschland als typisch angenommen[2]. — Für den Handel in Bozen aber stehen willkommene Zeugnisse zur Verfügung. In den neunziger Jahren des 13. Jahrhunderts steht der Bozener Amtmann der Tiroler Grafen in regelmäſsigem Verkehr mit Bozener Geldleihern[3] und mit den Florentiner Frescobaldis, die z. B. in Venedig und Padua[4], vielleicht auch in Bozen selbst[5] an ihn ihre Zahlungen leisteten. Unter den regelmäſsigen Ausgaben finden sich solche für Waren, die in Bozen jedenfalls für den fürstlichen Hof gekauft wurden, eine Sitte, die sich bis ins 16. Jahrhundert nicht verloren hatte. So treffen sich: Feigen, Öl, gesalzene Fische, Felle, Pfeffer und Luxusgegenstände in groſser Mannigfaltigkeit (pro guirlandis argenteis, pro calice, pro granatis, pro baldekinis etc.).

Die angegebenen Daten beziehen sich auf die Abrechnung, nicht auf den Einkauf oder die Übersendung. So ist die Frage, ob die Gegenstände auf den Märkten gekauft wurden, nicht zu entscheiden. Hier kommen Zahlungsversprechen in Bozen aus dem Jahre 1237 in Betracht. Damals verkehrten fremde Kaufleute in Bozen aus Augsburg, Mori, Benediktbeuren,

---

[1] Wanka v. Rodlow, Die Brennerstraſse, S. 104; vgl. auch W. Lenel S. 39 f.

[2] Mon. Boica Bd. 33a.

[3] Praestatores in Bozano siehe Rechnungsablegung des Amtmannes Goeschelinus von 1295 intrante Decembr. Innsbrucker Statthaltereiarchiv cod. 280 (Raitbücher).

[4] 15 exeunte Septembri Goeschlin ratio de 57 ℔ venetorum grossorum receptis in Venetiis et in Padua de Francisco et Datucio de societate Frescobaldorum in Venetiis et in Padua.

[5] Raitung von 1297 exeunte Januario: Item Vanni de Frescobaldis et sociis suis pro expensis in Bozano veniendo et redeundo ℔ 9 sol. 10. Ferner Ausgaben sub III exeunte Marcio. Item Vanni et Cauli de Frescobaldis pro expensis in Bozano et Merano.

Kempten usw.[1]. An Waren wurden verkauft: Leder und Leinenwand, Sendeltuch; aus den beiden letzten Orten farbiges Tuch. Zahlungstermine waren grofsenteils der Meraner Pfingstmarkt und Martinimarkt, daneben der Bozener St. Genesiusmarkt und Mitfasten[2]. Ob Andreä[3] schon damals ein Bozener Jahresmarkt war, ist ungewifs[4]. So wird, wenn man nach dem Vorgange Schaubes weitere Zahlungsversprechen, die auf den Gallimarkt in Trient lauten, berücksichtigt, überhaupt ein richtiger Jahresturnus von südtiroler Märkten schon für jene Zeit nachgewiesen werden können[5].

Wir müssen hier abbrechen, wie überhaupt diese Einleitung keineswegs erschöpfende Vollständigkeit anstrebt, sondern nur Grund legen will, und zwar nach zwei Richtungen hin: Sie will ins Licht rücken die Momente, die schon im 13. Jahrhundert auf die künftige Gröfse der Stadt hinweisen und sie will einen kurzen Überblick geben über die verfassungsgeschichtliche Entwicklung im Laufe der Zeiten So werden wir übergeleitet werden in jene Periode, wo die Quellen reich zu fliefsen beginnen, in den Anfang des 16. Jahrhunderts.

Bozen, der Mittelpunkt der südlichsten bayerischen Grafschaft, ist frühe im Besitze des mächtigen Welfengeschlechts. Seit der Mitte des 12. Jahrhunderts geht die Stadt in hartem Kampfe den Grafen von Eppan verloren, und die Bischöfe von Trient und Grafen von Tirol gelangen in den gemeinsamen Besitz der Grafschaft[6]; und zwar erfahren ihre beiderseitigen Rechte in der Stadt Bozen selbst folgende Abgrenzung: Die Grundherrschaft (mit Ausnahme über den Wangerteil) steht den Bischöfen zu[7]; das Gericht wird von beiden gemeinsam ausgeübt[8]; die Regelung von Mafs und Gewicht bleibt den Grafen vorbehalten[9].

Im Laufe und um die Wende des 13. Jahrhunderts wuchsen die Rechte der Tiroler Grafen mehr und mehr an. Diese ihre übermächtige Stellung in der Stadt ergab sich durch Kauf,

---

[1] Acta Tirol. II Nr. 586, 679, 684, 875, 879.

[2] Nr. 617 u. 635.

[3] Nr. 616 u. 636.

[4] In Riva wurde zu dieser Zeit Markt gehalten. Codex Wangianus Nr. 285.

[5] A. Schaube, Handelsgeschichte, S. 439 ff. Der von Schaube für Bozen aufgeführte Thomasmarkt erhält zu keiner Zeit gröfsere Bedeutung und wird auch in der weiter unten behandelten Urkunde von 1274 nicht erwähnt. Vgl. auch S. 7. — In dem zitierten Schaubeschen Werke findet eine Reihe in diesem Abschnitt besprochener Urkunden Berücksichtigung.

[6] A. Jäger I, S. 245.

[7] Vgl. Acta Tiroliensia II.

[8] Codex Wangianus Nr. 72: Quod ille, qui est Gastaldio Tridentini episcopi in Formiano, ille etiam debet esse sultaiz Tirolensis comitis apud Bauzanum. 1208.

[9] Vgl. dieselbe Urkunde.

Beerbung und Anwendung von Gewalt. Um 1273 wird von zahlreichem neuem Erwerb berichtet[1]. Durch Vertrag und Kauf wurden die Grafen die Erben des frühe aussterbenden Geschlechtes der Edlen von Wangen, die neben der Grundherrlichkeit die Gerichtsherrlichkeit über ihr Gebiet besessen hatten[2]. Seit 1273 befinden sich die Grafen im offenen Kampfe mit dem Bischofe; 1282 ist Graf Meinhard im Besitze der Stadt; 1284 liegt gar die Verwaltung und Gerichtsbarkeit des ganzen Trienter Fürstentums in seinen Händen[3].

Wie die Verhältnisse sich in jenen Zeiten gestaltet haben mögen, im Gerichtswesen ist seit dem Ende des 14. Jahrhunderts bis in die Neuzeit hinein eine strenge räumliche Trennung der landesfürstlichen und bischöflichen Kompetenzen nachweisbar, dergestalt, dafs die Landesfürsten das Gericht über Gries, über die Dreigassen, d. i. den alten Wangerbezirk, und die Zwölfmargreiden innegehabt haben, während die Bischöfe im Besitze des ganzen übrigen Stadtgerichtes blieben. Auch die Grundherrlichkeit ist in jener Zeit, mindestens zum Teil, an die alten Tiroler Grafen übergegangen[4].

Die Bozener Verhältnisse während des 13. Jahrhunderts erscheinen in stetem Flufs, so auch auf dem Gebiete der Marktpolizei und der Verwaltung von Mafs und Gewicht. — 26 Jahre nach der Feststellung der gräflichen und bischöflichen Rechte (von 1208) erscheint der Graf hier als kompetente Behörde[5]: Bei Strafe von 5 ℔ Bernern soll keiner in Bozen Leinen oder graues Tuch verkaufen, weder vor den Häusern, noch „in foribus Bozani“. Dann folgen Bestimmungen über den Gebrauch von Mafsen.

Wichtiger aber und unter anderen Konstellationen tritt uns eine zweite Urkunde[6] entgegen: hier wird von Trienter Seite den hominibus de Ripa am 26. Februar 1274 eine Reihe von Rechten erteilt: Keiner soll wagen, den Markt, der zweimal im Jahre stattfindet[7], zu brechen „ante diebus octo ante, vel

---

[1] Verschiedene Häuserkäufe der Grafen von Tirol: Tiroler Archiv I, 351, 352; 1285: I, 362; 1287: I, 364; 1273 ist wichtig: Berthold des Maisers Witwe verkauft an Graf Meinhard von Tirol 40 ℔ Berner jährlichen Zinses aus dem neuen Markte in Bozen, die ihr um 200 ℔ Berner versetzt waren (I, 352).

[2] Ladurner, Die Edlen von Wanga, S. 287.

[3] Vgl. Kogler, Steuerwesen, S. 622 ff.

[4] Vgl. Anfang und Schlufs des nächsten Abschnittes. — Zwölfmargreiden liegt im Nordosten der Stadt.

[5] Fontes rer. Austr.: Cod. Wang. Nr. 72 und Hormayr, Beiträge, S. 203.

[6] Hormayr, Beiträge, S. 346.

[7] „Ad Sc. Genesium (25. Aug.) et ad mediam Quadragesimam“ (3. oder 4. Sonntag vor Ostern). In diesen Zeiten sind die späteren Märkte Egidi (1. August) und Mitfasten wiederzuerkennen. Der heilige Genesius ist der Schutzpatron der Spielleute. Vgl. über diesen merkwürdigen Heiligen jetzt: W. Foerster, Le saint vou de Luques, S. 22.

octo post, sine ipsorum hominum de Ripa"; und kein Rivaer soll auf den Märkten zu zahlen brauchen „aliquod bannum"; und aufserhalb der Marktzeiten (extra mercatum) soll er nicht gehalten sein zu zahlen, ausgenommen 5 solidi um die Zeit des Festes des hlg. Sisinius (29. Mai); und keiner soll wagen Brot und Wein zu verkaufen, wenn nicht die Rivaer hierin Mafs gesetzt haben [1].

Diese Privilegien waren insofern von Wichtigkeit, als sie an die Angehörigen einer Stadt verliehen waren, die auf Grund ihrer günstigen Lage an jenem Turnus südtiroler Märkte partizipiert zu haben scheint [2]. Die Bedeutung Rivas beruht auf der Position am Ausgangspunkte zweier Strafsen, deren eine durchs Ledrotal nach Judicarien und dem Idrosee hinübergeht und von da durch die val Sabbia ihren Endpunkt Brescia erreicht; die zweite ungleich wichtigere Verbindung war die zum Gardasee, der seine Fortsetzung zum Po durch den in alter Zeit für kleinere Schiffe zugänglichen, jetzt aber völlig verschilften Mincio findet [3].

Freilich begegnen die Privilegien von Riva in der Folgezeit nicht mehr [4]. Man hat auch die um 1273 ausbrechende Feindschaft der beiden Gewalthaber Bozens zu berücksichtigen. 1293 wird wieder gesagt, dafs der Graf von Tirol „de mensuris omnibus plenam potest et debet facere justiciam" [5].

---

[1] Die Kaufsetzung, Mafs- und Gewichtsbestimmung von Wein und Getreide erscheint in Tirol wiederholt als typisches Recht des Stadtherrn oder des Stadtrates. So in Trient. In Meran und später in Bozen wurde es dem Stadtrate verliehen.

[2] Vgl. oben S. 6 Anm. 4.

[3] Vgl. Grenzboten, Jahrg. 65 Nr. 29 (Kämmel, Über den Brenner) S. 147.

[4] Programma della J. R. scuola ... (G. dal Ri) 1887 S. 28.

[5] Hormayr, Beiträge, S. 353.

Zweiter Abschnitt.

Das Bozener Marktwesen.

A. Einleitung. Die Entstehung des Bozener Stadtrates und allgemeiner Charakter der städtischen und landesfürstlichen Marktkompetenzen.
B. Unterschied zwischen Wochen- und Jahresmärkten.
  a) Periodizität.
  b) Berufung.
  c) Handelsfreiheit.
C. Marktverwaltung.
  a) In bezug auf den Ein- und Verkauf.
    α) Prüfung der Warenqualität.
    β) Prüfung von Mafs und Gewicht.
    γ) Festsetzung von Marktpreisen.
  b) Gerichtliche Verwaltung.
  c) Personalkontrolle.
    α) Durchs Sanitäts- und Wirtshauswesen.
    β) Entwicklung des Sanitäts- und Wirtshauswesens im 16. Jahrhundert.
D. Marktbeamte.
  a) Für den Ein- und Verkauf: Unterkäufer, Fronwäger, Beschauer usw.
  b) Gehilfen des Handels.
    α) Staatliche Einnehmer: Amtsverwalter und Zöllner.
    β) Transportbeamte.
      1. Fuhrleute.
        aa) Rodleute.
        bb) Fuhrleute aufser der Rod.
      2. Ballenträger und Aufleger.
E. Schlufs: Orientierender Überblick.

Auch das 14. Jahrhundert ist noch reich an wichtigen politischen Änderungen für die Stadt; reich an verfassungsgeschichtlicher Entwicklung. Das Haus Görz hatte das Erbe der alten Tiroler Grafen angetreten, und wiederum, im Jahre

1363, folgte eine neue Dynastie, die der Habsburger, in der Regierung des Landes Tirol.

In demselben Jahre wird in Bozen ein Stadtrat eingesetzt vom Herzog Rudolf[1]. Doch setzt die Einleitung der Urkunde den Bestand einer früheren voraus. Seine Befugnisse erstrecken sich nach dreierlei Richtung:

1. Umlage der Steuer;
2. Errichtung von Bauten, Wegen und Brücken, speziell Vorbauten an der Talfer und am Eisack;
3. Kauf zu setzen an Wein und Getreide.

Dazu soll er sich — verallgemeinernd — um alle anderen Sachen, die nicht ins Gewicht gehören, bekümmern.

Da die Verteilung der Steuer nach 1256 von seiten der Bürger erfolgte, so ist schon für jene Zeit eine gewisse bürgerschaftliche Organisation vorauszusetzen. Freilich verfügte noch im Jahre 1322 König Heinrich von Böhmen[2], Graf von Tirol, dafs alles, was mit dem Star gemessen würde, auf dem Kornmarkt gemessen werden solle, indem er als Wächter für dieses Gebot den Bozener Richter[3] bestellte. Hart an der Pforte des Landes, wo die Ratsverfassung im 12. Jahrhundert beginnt, kommt es also in Bozen zu einer Selbstverwaltung äufserst langsam. Im übrigen ist für den Gang dieser Entwicklung der von Rietschel aufgestellte Grundsatz zu bestätigen, dafs in den aus Marktansiedlungen hervorgegangenen Städten der Rat langsam entsteht, plötzlich auftaucht, ohne dafs von seiner Gründung die Rede ist[4].

In dreierlei Hinsicht bietet nun die Wiedereinsetzungsurkunde von 1363 die Grundzüge für die späteren Ratsverleihungen:

1. Der Rat untersteht dem Landesherrn.
2. Der Wirkungskreis des Rates erstreckt sich nie auf gerichtliche Angelegenheiten. Sein Wirken ist in den Rahmen der die Stadtverwaltung angehenden Verhältnisse gebannt. Seine Strafgewalt ist nur Polizeistrafe.
3. Der Rat setzt sich aus neun Männern zusammen, die — das ist erst in der nächstfolgenden Urkunde ausgesprochen — den drei Bozener Gerichtsbezirken angehören: Gries, der Wangergasse und dem Gerichte des Trienter Stiftes.

Die zweite Ratsverleihung erfolgte auf Bitten der Bürger 1381[5] von seiten Herzog Leopolds. Nicht allein, dafs der Rat

---

[1] Tiroler Archiv IV S. 342.

[2] Bozener Stadtarchiv: Kasten: Landesherrliche Verleihungen und Urkunden über städtische Lehen, das Weinmesser-, Ballenträger- und Auflegeramt, dann über die Fleischbänke und den Kornplatz.

[3] S. Rietschel, Markt und Stadt, S. 166 f.

[4] Vgl. oben: Bestimmung 3.

[5] Tiroler Archiv IV S. 393.

von nun an von den Bürgern selbst gewählt werden darf und sich, wenn diese nicht zusammentreten, selbst ergänzen soll; auch seine Befugnisse erscheinen ausgedehnter. Er darf „die alten Gesetze“ umändern. Von Bufsen gehören 2/3 der Stadt, 1/3 dem betreffenden Gerichte. Wichtige Sachen aber sollen mit Rat der drei Richter gehandelt werden.

Die Dauer dieses Rates ist nicht von grofser Länge gewesen: Jörg, Bischof von Trient, sah sich 1397 veranlafst, ihn gemäfs den Privilegien des „hochgeporn fursten herczog Leupolts ze Osterreich seligen und auch unsers vorfordern Bischof Albrechts seligen briefen“ zu erneuern[1].

Eine Urkunde König Friedrichs von 1442 setzt den neun Räten einen besonderen Adelsrat von drei Mitgliedern hinzu, so dafs der ganze Rat jetzt aus zwölf Mitgliedern, je drei und drei zusammengefafst, bestand[2].

Ob aber dieselbe örtliche Provenienz der Erwählten noch im 16. Jahrhundert statt hatte, erscheint als zweifelhaft: zum bischöflichen Stadtgericht gehörten nicht: Gries, die „Dreigassen“ — das alte Gericht der Herren von Wanga (Fleischergasse, Prediger- und Dominikanergasse) — und die Zwölfmargreiden. Die Bozener Ratsprotokolle, die in jedem Jahre die gewählten Ratsherren anführen, geben stets als Herkunft von dreien das Stadtgericht an. Sonst aber wird — z. B. 1525 — zwischen „Margreiden oder Dreigassen“ und Landgericht; oder — 1526 — Dreigassen und Margreiden unterschieden; 1529 heifst es: Stadtgericht, Landgericht und Margreiden.

Der Landrichter, im 16. Jahrhundert der Verwalter sowohl der landesherrlichen Gerichte wie des bischöflichen Stadtgerichtes (seit Erzherzog Sigmund), war bei wichtigen Angelegenheiten zur Beratung zugegen. Auch die Bozener Bürger hatten Zutritt. Die Amtsperiode der Bürgermeister war bis zur Mitte des Jahrhunderts einjährig, die der Ratsmitglieder zweijährig.

Die Kompetenzen des Rates blieben im 16. Jahrhundert — und jetzt speziell was das Marktwesen angeht — im ganzen dieselben, wie wir sie zu beobachten die Gelegenheit gehabt haben.

Seine Verwaltungstätigkeit bezog sich in ihren Hauptzweigen einmal auf die Personalkontrolle, die im Zusammenhang mit der städtischen Wirtshaus- und Sanitätskontrolle stand, sodann auf die äufsere Verwaltung, z. B. Anordnung der Marktstände u. a. m.[3].

[1] Bozener Stadtarchiv, landesherrl. Verleihungen. Vgl. über diese Urkunde auch den Schlufs dieses Abschnittes.

[2] Bozener Stadtarchiv, landesherrliche Verleihungen usw.

[3] Bemerkenswert ist, dafs Bozen hier einen gröfseren Spielraum wie Meran anscheinend besafs. Die Meraner Marktordnung von 1497,

Die zweite Gruppe von Rechten, die in den Urkunden durch Kaufsetzung von Wein und Getreide angedeutet ist, geht im 16. Jahrhundert über diesen engen Rahmen hinaus. Dem Rate fiel die Preistarifierung sämtlicher Lebensmittel, darunter der auf den Märkten verhandelten Fastenspeise zu, und darüber die gesamte Beaufsichtigung von Mafs und Gewicht.

In allem aber stand als oberste Kompetenz die Innsbrucker Regierung voran, die, durch die kräftig eingreifende gesetzgeberische Tätigkeit der Stände sekundiert, im Lande eine straffe Zentralorganisation durchgeführt hat, die so für die lokalen Behörden die Ausübung einer den landesherrlichen Eingriffen unterliegenden Polizeigewalt übrig läfst. Das gilt für die Jahres- wie für die Wochenmärkte. Drei Punkte sind es, wodurch sich beide äufserlich unterscheiden: die Marktberufung, die Handelsfreiheit und die verschiedene Periodizität.

Die Wochenmärkte fanden am Sonnabende statt, die Jahrmärkte zu bestimmten Zeiten des Jahres. Im 13. Jahrhundert wurden sie nur zweimal abgehalten, Mitfasten und am St. Genesiustage (25. August)[1]. Dieser zweite Termin ist im 15. Jahrhundert auf den 2. September, auf den St. Gilgen- oder Egidiustag verschoben. Daneben hatte sich ein dritter Markt gebildet, der auf den St. Andreastag (30. November)[2], also kurz vor die Adventsfastenperiode fiel. Auf dem Mitfastenmarkt wurde vorzüglich mit Fastenspeisen aus Italien gehandelt. Auf dem Andreasmarkte kaufte man hauptsächlich Baum- und Loröl[3] (jedenfalls vom Gardasee) und Safran, „genand toscand Saffran“ (aus Toscana)[3]. Neben diesen ordentlichen und berufenen Märkten trifft sich noch im Hartpronnerschen Handelsbuche[4] der Gallimarkt (16. Oktober). Der Corporischristi - Markt (Donnerstag nach Trinitatis) begegnet ausdrücklich als öffentlicher Markt, auf dem auch fremde Hutmacher feilhalten durften, erst 1591[5]. Er ist wohl identisch mit dem Pfingstmarkte, den das Gaugersche Geschäftsbuch (1588) und schon das Brunelsche[6] (1575) führen. Er wird in Konkurrenz zu den alten Meraner Pfingstmärkten entstanden sein.

---

die der Landeshauptmann an der Etsch erliefs, setzte z. B. die Ladenmiete fest und bestimmte die Lage der Marktstände nach den verschiedenen Branchen. Stampfer, Die Stadt Meran, S. 57. — Die unklare Abgrenzung der Kompetenzen („Alles was nicht ins Gericht gehört“) liefs es zu manchem Streit mit dem Richter kommen. So über die Kontrolle und Abstrafung der Wirte. Tiroler Kopialbücher. Buch Tirol, 5. Januar und 3. Juli 1607. S. auch Ratsprotokolle, 22. Dez. 1556.

[1] S. oben S. 7, Anm. 7.

[2] Im 13. Jahrhundert war zu Andreä in Riva Markt.

[3] Lorenz Meders Handelbuch. Nürnberg 1558, S. 44 f.

[4] S. unten Abschnitt VI.

[5] Ratsprotokolle 10. Juni, 3. Januar 1607. Beschlufs des Rates, künftig Standgeld auf dem Markte zu erheben, wie dies auch auf den drei anderen geschähe.

[6] S. unten Abschnitt VI.

Lorenz Meder, der Verfasser einer praktischen Anleitung für die Kaufleute in jener Zeit, berichtet[1] über die Länge der Märkte. Die angeführten Tage gaben den Anfangstermin — „und wert ein iegklicher Marckt 8 Tag / doch helt noch 4 Tag langer nachmarkt“[2]. Nach dem Privileg der Erzherzogin Claudia vom 15. September 1635 war eine Verschiebung eingetreten: der Mitfastenmarkt fiel wie sonst; der Pfingstmarkt fiel auf den ersten Werktag nach Fronleichnam (zweiter Donnerstag nach Pfingsten), Egidi auf den ersten Werktag nach Mariä Geburt (8. September) und Andreä auf den 6. Dezember. Die spätere Terminierung des Egidimarktes hing mit der im Jahre 1582 eingeführten Kalenderreform zusammen. Bei dieser Gelegenheit bat der Rat, weil der Egidimarkt nun in eine frühere Jahreszeit falle, zu der der Most noch nicht zeitig sei, der zu Marktzeiten als Gegenfuhre bequem herausgeführt werde, den Markt auf später zu verlegen[3]. Wie erwähnt, fiel der Markt im 13. Jahrhundert noch sieben Tage vor den 2. September. — Die Dauer der Märkte war nach 1635: 15 Tage. Davon waren die letzten vier für die Zahlung reserviert. — Aufserdem bestanden noch die beiden Viehmärkte Thomi und Andreä[4].

Die Marktberufung, d. h. die Ankündigung an die bedeutenderen Handelsstädte, unter welchen Bedingungen der Markt statthaben werde, war das zweite Unterscheidungsmerkmal. Diese Bedingungen bestanden einmal in Sicherheitsvorschriften — Waffenverboten und Sanitätsbestimmungen, sodann in Anordnungen, betr. den Ein- und Verkauf, die Benutzung der Marktbeamten, der Fronwäger, Messer, Unterkäufer usw.[5].

Verschieden wurde die Ausübung der Marktberufung gehandhabt. Sie stand dem Stadtgerichte zu[6]. In späterer Zeit besafs auch der Rat das Recht, in der Berufung mitgenannt zu werden. Der Streit, der sich um dieses Privileg zwischen Stadtobrigkeit und Landrichter erhob[7], wurde 1558 von Innsbruck aus in dem Sinne entschieden, dafs die Be-

---

[1] S. 44.

[2] Doch währte der Mitfasten-Markt laut einer Marktberufung aus der Zeit Kaiser Rudolfs II. 14 Tage. Statthaltereiarchiv Innsbruck. Leopold. Nr. 23. Lit. BP.

[3] Ratsprot. 1583 Dez. 10. Vgl. auch Augsburger Stadtbibliothek: Sammlung Herbstscher Merkantilsachen 1582 Okt. 14 u. Ratsprot. 1602 Sept. 5. Auch die Kaufleute scheinen die Bitten des Rates unterstützt zu haben.

[4] Ratsprot. 1620 Dez. 7.

[5] Vgl. Ratsprot. 1535 Sonntag n. Bartolome; 1565 Aug. 29; 1613 Aug. 31; 1531 April 5 und 1622 Febr. 17; 1638 Andreastag, und die Marktberufung (s. oben Anm. 2).

[6] Innsbruck, Statthaltereiarchiv, M. 13, 360. Vgl. unten S. 29.

[7] Ratsprot. 1551 Febr. 28.

rufung ein landesherrliches Hoheitsrecht sei, und als solches allein der K. M. als Landesfürsten zukomme[1], dafs anderseits aber der Richter gehalten sein solle, der Berufung hinzuzufügen, dafs ein jeder die Freiheiten und Satzungen der Stadt Bozen zu respektieren habe[2]. Wenn die Berufung auch faktisches Hoheitsrecht der Regierung geblieben sein mag, so wurde sie doch später vom Rate aus besorgt[3].

Die Handelsfreiheit auf den Messen und Märkten im Vergleiche zur übrigen Zeit des Jahres bestand in dem sich auf jede beliebige Ware erstreckenden, quantitativ unbeschränkten Kauf und Verkauf von seiten jedermanns. Die Verbote gegen die Fremden auf den Wochenmärkten und sonst entsprangen ja dem wohlverstandenen Interesse der einheimischen gewerbetreibenden Bevölkerung[4], die sich durch die Konkurrenz von Leuten, die der Stadt nichts leisteten und gaben[5], in ihrer Existenz schwer bedroht sahen. Anderseits suchten die Einheimischen hier wie anderwärts (z. B. Leipzig), auch auf den Jahresmärkten unbequeme Nebenbuhler zu verdrängen[6]. Solche Versuche schlugen stets fehl.

Immerhin unterlagen die so gefafsten Bestimmungen gewissen Beschränkungen. 1635 wurde der Markt durch das Privileg der Erzherzogin Claudia zu einer geschlossenen Körperschaft, zu der neue Mitglieder nur mit Zustimmung von zwei Dritteln der in die Marktmatrikel aufgenommenen Kaufleute zugelassen wurden. Schon 1566 beklagte sich die Regierung beim Rat[7], dafs die Kaufleute nicht mehr die „Marktgerechtigkeiten" erkauften; das sei den alten Freiheiten zuwider. Direkte Verbote gegen Marktbesucher ergingen im 16. Jahrhundert wohl nur gegen Savoyarden und Hausierer[8]; es ging damals wie heute. Das Landvolk besonders, durch das bunte und gefällige Äufsere der dargebotenen Gegenstände angelockt,

---

[1] Tiroler Kopialbücher, causa domini 1558 Sept. 15.

[2] Tiroler Kopialbücher, causa domini 1558 Okt. 24.

[3] Tiroler Kopialbücher, Buch Tirol 1592 Dez. 2. Befehl der Innsbrucker Regierung an den Rat, trotz Seuchengefahr den Markt zu berufen.

[4] Ratsprotokolle 1524 Jan. 6: „Dan als sich etlich personen welsch und teutsch on erlaubnus Burgermaisters hie ni[der]gelassen und eingesazt haben, wie ain burger gewerb zu treiben" .....

„Auch soll kain frembder zwischen den Marckten lennger als von ainem Mittag unzt auf den anndern nit failhaben."

1525 Erichtag nach Judica: Die Marktbesucher sind gehalten, nur feil zu haben und keines „fleifses werh hie zu thun". Vgl. auch E. Hasse, Die Leipziger Messen, S. 181.

[5] 1538 Aug. 8.

[6] 1543 März 30 Beschwerde der Schuhmacher; 1591 Juni 10 Beschwerde der Hutmacher; 1591 Oktober 14 Beschwerde der Schuhmacher.

[7] Innsbrucker Kopialbücher, Buch Tirol 1566 Nov. 22.

[8] Ob und inwieweit gegen Leute, die sich Straftaten schuldig gemacht hatten, habe ich nicht ermitteln können.

ließ sich leicht beschwatzen; und wenn man den Unwert des Gekauften erkannt hatte, war das Volk längst über alle Berge und der Taler zum Nachteil des Landes aus dem Beutel[1].

Auch die zweite Bestimmung, der quantitativ unbeschränkte Kauf und Verkauf, wurde vielfach, vorzüglich auf dem Gebiete des Lebensmittelhandels, und hier ebenfalls im Interesse der landschaftlichen Wirtschaftspolitik, durchbrochen. In enger Verbindung mit den Erlassen der Landtage und den Verfügungen der Regierung war in Tirol, für das, wie für alle Gebirgsländer, die Getreidezufuhr eine Lebensfrage bedeutete, eine überaus nachdrückliche Kontrolle der Lebensmittelversorgung entstanden. Das Interesse Maximilians für sein Land Tirol hatte sich in ganz besonderem Maße auf diesem Gebiete kundgegeben; wenn nun im großen die zeitweiligen Getreide- und Viehsperren gegen die Nachbarländer[2], besonders Italien, in der Arbeitssphäre der Innsbrucker Regierung lagen, so war im einzelnen den lokalen Behörden, den Stadträten und Verwaltern, 1. die Preistarifierung; 2. die Verhinderung der sogen. Fürkäufe — man folgte damit dem Hauptgrundsatz der mittelalterlichen Stadtwirtschaftspolitik — überwiesen. So wurde, um eines von vielen Beispielen zu nennen, am 17. März 1528[3] — also für den beginnenden Mitfastenmarkt — den Grämplern (Viktualien- und Obsthändlern) geboten, daß sie „weder Schmaltz noch Zignkäs oder anders sämweis fürkoffn“ noch höhere Preise am Platze zahlen sollten als andere Marktbesucher.

Einen mehr prinzipiellen Charakter hatten andere Tendenzen, die in Tirol — wie sonst überall — zutage traten. Die bald nach der Wende des 15. Jahrhunderts eintretende Preissteigerung hatte in stets wachsendem Maße die Erbitterung von hoch und niedrig hervorgerufen. Indem man davon ausging, daß Geiz und Habsucht der Kaufleute der Grund des Druckes sei, hatte man schließlich einen höchst konkreten Gegenstand für diese verständnislose Erbitterung gefunden. Und in ihr traf sich nun alle Welt — Bauern und Ritter, Philosophen und Volkswirte, Dichter und Reformatoren. Hans Sachs schrieb sich damals in seiner Knittelversmanier von seiner Seele:

„Im“ (dem Geiz) „kann niemand widerstehen,
Durch Gesetz, Statut und Polizei
Haut er der Löcher mancherlei.“

Und viel wuchtiger holt Luther aus in seinen bekannten Verwünschungen wider die deutschen Messen, speziell „Frankfurt, jenes Silber- und Goldloch, dardurch aus deutschen Landen

[1] Ratsprotokolle 1582 Febr. 9.
[2] Vgl. u. a. Ztschr. f. d. ges. Staatswissenschaft, Bd. XVI S. 552.
[3] Ratsprotokolle.

fleuſst, was nur quillet und wächst, gemünzt und geschlagen wird"[1].

Hier trafen sich auch Freund und Feind, Utopie und vernünftiger Vorschlag. Michael Gaismair, der begabte Anführer der aufständischen Bauern an der Etsch, wollte Trient gewissermaſsen zum merkantilen und gewerbetreibenden Mittelpunkt des Landes machen. Nach dorthin sollten alle Handwerke verlegt, und ein Amtmann darüber gesetzt werden; was an Gewürzen und anderen Dingen im Lande selbst nicht erlangt werden könnte, das sollte auſserhalb bestellt werden; und nur an einigen Orten Läden errichtet werden zur Feilhaltung — alles, damit niemand im Lande Wucher treiben könne[2].

Die Beschwerden von Thauer und Rattenberg — ebenfalls zur Zeit der Bauernkriege — verurteilen die Fürkäufe der Fugger und anderer Gesellschaften und die daraus entstandene Teuerung mancher Artikel[3]. Besonders gehässig wirkte das Privileg der Augsburger Kaufleute für den Zinnhandel in Tirol; und man machte hier wenigstens mit Recht geltend, es laufe dem Privileg der Handelsfreiheit, mit dem die Marktflecken ausgestattet seien, stracks zuwider[4].

Auch die Stände nahmen sich frühe der Sache an. Gelegentlich des 1518 abgehaltenen Generallandtages wurde ausgesprochen, die Gesellschaften verteuerten die notwendigsten Lebensmittel und brächten durch ihre Geldmittel die ärmeren Kaufleute um ihr Brot. Den Fürsten kämen sie gleich an Vermögen, und man forderte als Abhilfe höchst empfindliche Beschränkung des Ein- und Verkaufs im groſsen: Auf den Märkten und Messen wie in Bozen sollte es nicht gestattet sein, Güter vor Ende des Marktes durch höheres Angebot an sich zu bringen. Was jeder zu Kaufe trägt, soll er bei Elle, Maſs und Gewicht treulich und ungefährlich bis zum Ende des Marktes verhandeln[5]. Schon 1508 war neben dem Verbot des Einlagerns der Waren mit täglichem Verkauf auſser auf den Märkten, der Massenankauf untersagt worden[6].

Die Resultate dieser Tendenzen waren bekanntlich gering. Verbote einzelner Reichsstände konnten höchstens Erfolg für die in dem betreffenden Lande selbst erzeugten Waren haben; die Reichstage aber versagten[7].

Ein durchgreifender Unterschied zwischen Jahres- und Wochenmärkten bestand in der Handhabung der Qualitätsprüfung. Es ist hier aber der verschiedene Charakter der

---

[1] Ztschr. f. d. ges. Staatswissenschaft, Bd. XVI (Schmoller).
[2] Bucholtz, Urkundenband S. 653.
[3] Bucholtz, Bd. VIII S. 328.
[4] Bucholtz, Bd. VIII S. 360.
[5] Egger, Geschichte Tirols II, S. 62.
[6] Schulte, Handelsgeschichte I, S. 672.
[7] Schulte, Handelsgeschichte I, S. 673.

Märkte in Betracht zu ziehen. Wenn in der Entstehungsgeschichte der Stadt die Wochenmärkte vor allem als der städtebildende Faktor anzusehen sind, so beruhte diese Eigenschaft darauf, dafs besonders die Handwerker auf den Wochenmärkten den Absatz ihrer Erzeugnisse fanden; und man würde so für jene Zeit vielleicht den Grundsatz aufstellen können, dafs die Wochenmärkte die Märkte der Handwerker sind, die Jahrmärkte die der Kaufleute. Dieser Wochenmarktcharakter hatte sich mit der Entwicklung der Wirtschaftsverfassung geändert. Ein neues Moment kam hinzu, oder zum mindesten: es erfuhr stärkere Betonung, .der Lebensmittelhandel [1].

Insofern nun als dieser Handel der staatlichen und städtischen Kontrolle unterstand, wie wir beobachtet haben; insofern als auf den Wochenmärkten die städtischen Handwerksprodukte abgesetzt wurden, und der Austausch vor allem von Tirolern zu Tirolern stattfand, erstreckte sich die Qualitätskontrolle wohl auf alle zu Markte getragenen Waren. Die Kontrolle auf den Jahresmärkten dagegen war deshalb gering, weil der Handel diesen skizzierten Wochenmarktcharakter zum erheblichen Teile [2] verliefs. Die allgemeine Verschiedenheit zwischen Jahr- und Wochenmärkten begründete diesen Unterschied. Dagegen wurde in der Prüfung der Quantität der prinzipielle Gegensatz zum Ausdruck gebracht: Nur auf den Jahrmärkten darf z. B. das Salz in beliebiger Menge gekauft werden [3].

Ganz ebenso wie die Prüfung der Warenqualität wurde die polizeiliche Beaufsichtigung der Mafse und Gewichte, die Tarifierung der Lebensmittel, auf den Jahr- und Wochenmärkten in gleicher Weise vorgenommen. In der Beaufsichtigung der Mafse und Gewichte hatte man sich an die von den Landtagen und der Regierung aufgestellten Normen zu halten [4]. Es kam auch vor, dafs von der Regierung unmittelbar die Inspektion ausgeübt wurde.

---

[1] Rathgen, Entstehung der Märkte, S. 63 ff.

[2] Auf die Qualität geprüft wurden: 1. die Lebensmittel; 2. die im Verkehr mit Einheimischen verhandelten Waren. Über die städtischen Handwerkerprodukte steht mir nichts zur Verfügung. ad 1. Vgl. Ratsprotokolle 1525 Jan. 6: Es soll auch „alle spetzerei und vafstenspeis besicht“ und „probiret werden“ — ad 2. Tiroler Kopialbücher. Buch Tirol: 1523 Sept. 7—1524 Juli 17. Verordnungen über den Wollenverkauf auf den Tiroler Märkten, speziell Bozen, z. B. die Kaufleute, die die Wollentücher aufmessen nach der Elle, sollen zuvor die Tücher netzen. Wenn sie nach dem Kauf vom „gemainen Manne“ genetzt werden, ergibt sich grofser Abgang.

[3] 1543 Dez. 30 (Ratsprotok.).

[4] 1534 Aschermittwoch: Das Wiener Gewicht ist dem Rat von der Regierung anbefohlen; 1592 Dez. 4: Beschlufs, jetzt am Andreämarkte den Fremden plötzlich ihre Mafse zu visitieren; 1534 Mittwoch nach Bartol.: Visitierung der Fronwage usw. usw.

Die Tarifierung der Preise lag wohl ausschliefslich in den Händen des Rates. Er sollte sich — so befahl 1545 die Regierung[1] — in Venedig oder durch den Hauptmann in Trient über die Höhe der Fastenpreise unterrichten. Dazu waren nur die Fuhr- und Zollkosten hinzuzurechnen. Auch ein Ölanschlag für den Andreasmarkt sollte aufgestellt, und über die sich ergebenden Resultate sollten die von Meran, Neumarkt, Sterzing, Innsbruck, Hall, Rattenberg, Schwaz, Kufstein und Kitzpichl instruiert werden. Neues brachte dieser Befehl nicht. Fastenpreistabellen waren schon früher, wenn auch nicht alljährlich, vom Rate erlassen worden.

Die richterliche Gewalt über die Kaufleute, vorzüglich wohl in Streitigkeiten untereinander, lag beim Landrichter[2]. Polizeistrafen wurden vom Rate verhängt[3]. Für die Entscheidungen des Rates galt das Landgericht als Appellation. Instruktiv ist hier der Fall Proyn[4]. Bartlme Proyn hatte wider die Marktberufung das Futter selbst gekauft (nicht bei den Wirten). Er war vom Landrichter mit 10 fl gestraft, wovon $^2/_3$ dem Rate gebührten[5]. Da er aber um Gnade bat und sich in die Strafe des Rates ergab, wurde die Pön auf die laut Marktberufung statuierten 25 tt (5 fl) festgesetzt.

Im Jahre 1535 wurde das Gerichtswesen der Kaufleute durch das Privileg der Erzherzogin Claudia einer vollständigen Umgestaltung unterzogen. Diese Verhältnisse werden in einem besonderen Abschnitte zur Sprache gelangen.

Auch auf dem Gebiete der Personalkontrolle arbeiteten sich Stadt und Staat in die Hände. Vorzüglich der eine Zweig

---

1 Zwei interessante Dokumente aus dem angegebenen Jahre befinden sich im Bozener Stadtarchiv. Um Nago und Turbolo (am Garda-See) bestand zu jener Zeit eine Gesellschaft, die sich auf den Handel mit Fischen und Fastenspeise gelegt hatte. Die Fische wurden zu rechter Zeit in Peschiera aufgekauft und dort nach Bedarf bis zu einem Jahre in Kaltern gehalten. Dann ging der Transport über Turbolo nach Bozen. Dort, wie in Trient und Salurn, besafs die Gesellschaft eigene Fischbehälter, und in Bozen hielten sich die längste Zeit des Jahres zwei ihrer Vertreter auf. Der Handel mit Fastenspeise aber sei, wie die Innsbrucker beim Rat vorstellig wurden, ganz in ihre Hände geraten. „Auf den Strafsen trieben sie heimliche Praktiken mit den Kaufleuten von Verona, Brescia und Bergamo und kauften von ihnen die Waren auf.“ Angesichts dieser Mifsstände wurde die jährliche Tarifierung der gesamten Fastenspeise dem Rate anbefohlen.

2 Ausgesprochen: Ratsprotokolle 1634 April 8.

3 Vgl. z. B. Ratsprotokolle 1528 April 15; 1548 Juni 8; 1536 Nov. 10 wird ein Fremder wegen Feilhaltens zwischen den Märkten bestraft; 1538 Andreastag: Beschwerde des Fronwageinhabers, dafs niemand mehr bei ihm wiegen lasse; Buch Tirol. Tiroler Kopialbücher: 1602 Okt. 26 an den Landrichter: Betreffs eines vorgefallenen Getreidefürkaufs hätten die Bozener behauptet, in dieser Sache hätte nur der Rat Strafen zu verhängen. Der Landrichter soll sich die Freiheiten vorweisen lassen.

4 Ratsprotokolle 1542 Sept. 27.

5 S. oben S. 11.

dieser Verwaltungsart, das Sanitätswesen, ist ja auch heutzutage ein Gebiet, das zum Teil der städtischen öffentlichen Wohlfahrtspflege, zum Teil der Staatsgewalt, sei es in Schutz und Beaufsichtigung der Grenzen, sei es in allgemeinen Bestimmungen sanitärer Natur, überlassen ist — ein Gebiet, das an sich wegen seines grofsen kulturgeschichtlichen Interesses zu behandeln interessant, in unserem speziellen Zusammenhange aber wegen der grofsen Bedeutung, die das Sanitätswesen für die Messen und Märkte besafs, eingehender erörtert werden mufs. Wichtig für das Marktwesen aber war dieser Zweig der Verwaltung nicht nur deshalb, weil der Verkehr im hohen Mafse von den in jener Zeit aufserordentlich häufig auftretenden Seuchen und Infektionskrankheiten abhängig war, sondern auch, weil die Markt- und Fremdenkontrolle in enger Verbindung mit den Sanitätseinrichtungen gestanden hat.

In Bozen stellte in der ersten Hälfte des Jahrhunderts die Gesundheitskontrolle einen höchst einfachen Apparat dar: Die natürliche Lage der Stadt ist überaus abgeschlossen: nordöstlich das Gebirge, westlich die Talfer und südöstlich der Eisack. An den wenigen Brücken und Ausgängen werden nun Wächter postiert, die den Fremden folgenden Eid abzunehmen hatten: 1. dafs sie nicht aus Orten kommen, wo das Sterben herrscht; und 2. dafs sie weder solche Orte passiert, noch dort gegessen oder getrunken haben [1]. Waren und Güter, die verdächtig waren, und die in Abwesenheit der Besitzer ankamen, wurden zu jener Zeit noch in besondere Gewölbe gefahren und durften bis zum Erscheinen des Eigentümers nicht ausgepackt werden [2].

Eng mit diesen Mafsnahmen hing die Kontrolle durch die Wirtshäuser zusammen. Auch hier sollte jeder Gast schwören, dafs er nicht aus infizierten Orten käme [3]. Später — 1582 — wurden die Wirte verpflichtet, in jedem Falle die fremden Personen zu examinieren und dem Bürgermeister anzuzeigen; und 1602 wurde diese Bestimmung auf Befehl der Regierung dahin spezifiziert, dafs kein Gast zu Marktzeiten über drei Tage ohne Wissen des Rates sich in Bozen aufhalten dürfe.

Überhaupt waren die Wirtshäuser der Gegenstand des stetig wachsenden Interesses der Behörden. In Zusammenhang mit den Bestimmungen der Landesordnuugen und der Regierungsdekrete wurde den Wirten alljährlich eine Ordnung

[1] Ratsprotokolle 1543 Aug. 24 und 1572 Nov. 27: An der Strafse vom Ritten herunter sind Wächter aufzustellen. Buch Tirol 1525 Juli 18: Regierung an die Behörden: Um Bozen erhebt sich wieder die Pest. Befehl, an den Brücken auf die Durchkommenden aufzupassen. Buch Tirol 1541 Nov. 10: Regierung an den Bozener Landrichter über den Schwur, der den Passanten abzunehmen ist.

[2] Ratsprot. 1547 Dez. 2.

[3] 1548 Mai 28. Vgl. auch die Bozener Marktberufung aus der Zeit Rudolfs II. Statthalterei. Leopold. Nr. 23 Lit. BP.

gegeben, die u. a. eingehende Festsetzung der den Kaufleuten, Bauern und Fuhrleuten abzuverlangenden Preise enthielt[1].

Die exponierte Lage der Stadt brachte häufige, zum Teil drakonische Maſsnahmen gegen die Landstreicher mit sich; besonders zu Marktzeiten war Bozen überfüllt mit solchem müſsiggängerischen Volke, mit Savoyarden, Bettlern, ausgedienten Kriegsknechten („Gartknechten") und gemeinen Dirnen. Auch hier waren einerseits Befehle an die Wirte, solchen Leuten die Wohnung zu verweigern, am Platze[2]. Anderseits trat hier der Bettelrichter in seine Rechte[3].

Wir kehren zur Entwicklung des Sanitätswesens zurück. 1562 wurden zuerst die sogen. Politten oder Feden (la fede) erwähnt[4], die in Italien schon viel länger bekannt waren. Diese Gesundheitsscheine, die von der Heimatbehörde der Kaufleute ausgestellt wurden, enthielten die beruhigende Versicherung über den Gesundheitszustand der betr. Stadt, den Namen des Absenders und des Empfängers, Angaben über die Warengattung und Quantität und über das Zeichen der Verpackung[5].

Mit der technischen Vervollkommnung, anstatt des Eides die Urkunde zu setzen[6], war ungefähr gleichzeitig die zweite Neuerung verbunden, daſs die Regierung ihrerseits die Kontrolle an den Grenzen und Pässen übernahm. 1582 bedankte sich der Rat für die Aufstellung von Wächtern und fügte die Bitte hinzu, Kaufleute ohne Politten an den Grenzen stets die Quarantäne durchmachen zu lassen[7], und 1614 wurde dem Rate von der Regierung mitgeteilt, daſs von allen Obrigkeiten, deren Gebiet die Kaufleute berührten, die Feden zu unterschreiben seien. Die Wirte sollten sie fleiſsig einfordern[8].

Die städtische Kontrolle scheint — was die Aufstellung der Wächter anging — in jener Zeit eingeschlafen zu sein, doch hat die erhöhte Gesundheitsfürsorge nicht aufgehört[9], und man sieht den obenbeschriebenen städtischen Apparat, aber in noch ausgebildeterer Weise, im 17. Jahrhundert wieder

[1] Die genaue Preiskontrolle war wohl der Grund für die jährliche Erteilung der Ordnung. Vgl. 1603 Nov. 6; 1607 Jan. 3.

[2] 1548 Mai 28; vgl. auch die Marktberufung.

[3] Bettelrichterordnung 1551 Donnerstag vor Catharina.

[4] 1562 Nov. 20; 1564 Sept. 21: Anfrage an die Regierung, ob Eid ohne Urkunde genüge.

[5] Beispiele aus dem Jahre 1602; vgl. Mones Zeitschrift für die Geschichte des Oberrheins, Bd. V (1854) S. 414, und Simonsfeld, Fondaco I, Nr. 710.

[6] Technische Vervollkommnung, soweit es überhaupt möglich war, sich Sicherheit zu verschaffen.

[7] Ratsprotokolle 1582 Nov. 6.

[8] 1614 Febr. 3. Wohl nur ein Ausnahmebefehl in gefährlicher Zeit.

[9] 1569 Aug. 2. Die Wirte sollen die Düngung zweimal jährlich wegbringen lassen. Umlaufende Schweine und Gänse sind abzustellen.

funktionieren, so dafs die Kaufmannschaft jetzt eine doppelte Überwachungskette zu passieren hatte[1].

Die neuerlichen Vornahmen des Stadtrats aber bestanden zunächst in der zu Kontagionszeiten verfügten Einsetzung einer besonderen Gesundheitsbehörde, der sogen. „provisores della sanità" (1610), die täglich zu einstündiger Beratung zusammentreten sollten[2]. Anderseits, wie an den Konfinen, so wurde auch vor der Stadt am sogen. „Kläusel" (vor der Eisackbrücke) zu unsicheren Zeiten die Lüftung der Ballen angeordnet[3]; 1630 wurde vom Landeshauptmann sogar die Errichtung eines Lazaretts in Anregung gebracht[4].

Diese tirolischen Einrichtungen waren wahrscheinlich in enger Verbindung mit dem viel komplizierteren Mechanismus der italienischen Kommünen entstanden. In Trient, so scheint es, war während der ganzen besprochenen Periode eine Gesundheitsbehörde; in Venedig war sie schon 1485 ins Leben gerufen, und die Veroneser „ordini, proclami di sanità" der Provveditoren existieren vom Jahre 1555 ab.

Gerade Venedig ist von jeher der klassische Staat der ins feinste ausgebildeten Verwaltungskunst. Die Bestrebungen der Republik für Schutz und Sicherheit des Lebens ihrer Untertanen waren vorbildlich geworden, und der trefflich funktionierende Sanitätsapparat hatte zu Kriegszeiten allgemeine Bewunderung erregt[5]. So ist auch die Veroneser Gesundheitsverwaltung, die von Venedig aus beeinflufst wurde, mit ihren durchdachten und komplizierten Einrichtungen, würdig der Leitung, der sie unterstand.

Man hat zwei Formen von „proclami" zu unterscheiden: Erstens die „bandimenti", d. h. Verzeichnisse von Städten und Ländern, deren Kaufmannschaft wegen grassierender Infektion oder weil sie deren verdächtig war, der Transit durch Verona verboten war, „si con fede come senza fede"[6].

Aber auch einheimische Personen, die trotz ausgesprochener Bandisierung und Kontumazie sich nicht abhalten liefsen, nach den verdächtigen Orten hin Handel zu treiben, waren gehalten, sich bei ihrer Veroneser Behörde zu melden, die über sie Buch führte.

Die „Kontumazie" aber war die z w e i t e Form der Sanitätsabschliefsung. Ein Dekret vom 16. September 1611 gibt eingehendere Auskünfte darüber. In diesem Jahre wurde wegen

---

[1] 1612 Febr. 24.
[2] 1610 Sept. 2.
[3] 1614 Febr. 3.
[4] 1630 Juni.
[5] J. Burckhardt, Kultur der Renaissance. S. 61 ff.
[6] 1564 in den Proclami, ordini di sanità. Band 1555—1600. Archivio Communale. Verona.

der Masse der Kaufleute und der Unbequemlichkeiten an der Grenze die Kontumazie nach Verona selbst verlegt: Die Kaufleute sind genötigt, sich an die Grenzwache zu wenden, die sie in ein Buch einzuzeichnen und mit ihrer Police an die weiterzugeben hat, die die Stadt gesandt, um sie ins Lazarett zu führen. Die dort durchzumachende Quarantäne war für jeden einzelnen Fall in das Belieben der Provveditoren gesetzt. Durchschnittlich betrug sie wohl zwei Wochen[1].

Von nicht geringem Interesse sind schliefslich auch die Sanitätsverhandlungen und -benachrichtigungen; und hier gehen wir zunächst wieder von den innertirolischen Verhältnissen aus. Um 1550 setzen die Bitten des Rates nach Innsbruck um Auskunfterteilung ein[2]. Ein einheitlicher Modus ist aber nicht aufzustellen. So gelangten Nachrichten auch von der Landeshauptmannschaft an die Stadt, die auch ihrerseits den vorgesetzten Behörden die eingezogenen Ermittlungen zukommen liefs[3]. Diese Erkundigungen stammten zum gröfsten Teil von der Nachbarstadt Trient, mit der Bozen im Gegenseitigkeitsverhältnisse stand[4]. Auch der Zöllner vom tirolischen Grenzzolle Roveredo liefs dem Magistrat seine Ermittlungen zukommen.

Ein Sich-in-die-Hände-arbeiten und die Entwicklung eines Gegenseitigkeitsverhältnisses auch von Land zu Land war ja für die Organisation des Sanitätswesens eine überaus erspriefsliche Sache; und so finden sich auch Anregungen, z. B. Veronas beim Bozener Rate, in Übereinstimmung mit den Mafsnahmen der dortigen Provveditoren Einrichtungen in Bozen durchzuführen[5].

Im übrigen waren die Verhandlungen mit auswärts vorzüglich Angelegenheit der Innsbrucker Regierung, z. B. wenn von Augsburg Nachrichten über den Gesundheitszustand Nürnbergs eingeholt wurden u. a. m.[6]. Auch in den Bereich der diplomatischen Verhandlungen wurden die Veroneser Bandimente gezogen[7]; und gerade die Diplomaten waren wohl die

[1] 1611 Sept. 16 u. 1625 Sept. 2 in den Proclami. Bd. 2.

[2] Ratsprot. 1547 Nov. 11. Sind die Deutschen einzulassen? Vgl. auch 1562 Aug. 24, 1568 Okt. 10.

[3] 1603 Okt. 16. Verona hat an Trient ein Bando wider Spanien, Niederland und Portugal gesandt. Trient sendet es an Bozen, Bozen nach Innsbruck.

[4] Z. B. Ratsprot. 1526 Dez. 23 usw.

[5] 1628 Mai 3.

[6] 1583 Jan. 30. Tiroler Regierung an den Augsburger Rat, er möge über den Gesundheitszustand Nürnbergs berichten. 1586 April 14 an den Augsburger Rat: Der kais. Orator in Venedig hat um Relaxierung des Bandimentes gebeten; beides in der Sammlung Herbstscher Merkantilsachen auf der Stadtbibliothek Augsburg.

[7] 1586 Febr. 5. Innsbrucker Regierung an Augsburg und Nürnberg: Der kais. Orator handelt in Venedig um Aufhebung des Bandimentes.

eine Quelle für die vorzüglichen Orientierungen, die die Veroneser Gesundheitsbehörde besafs[1]. Die zweite Quelle waren die Kaufleute selbst. So wurden die Veroneser Provveditoren von Mailand aus über die Pest in Valencia benachrichtigt; der Mailänder Bericht stammte aus Genua[2]. Zur Charakteristik der Stellung Veronas sei hier — auch als Gegenstück zu dem geschilderten tiroler System — ein Ausschnitt aus der Korrespondenz dieser Gesundheitszentralstelle gegeben. Vom 10. Februar bis 29. März 1631 wurde an Berichten und Anfragen von italienischen Städten und an italienische Städte aus der Landschaft versandt[3]:

Febr. 10: aus Malcasine	März 21: an Brescia
Febr. 23: aus Rovigo	März 22: an Venedig
Febr. 23: aus Vicenza	März 22: an Malcasine
Febr. 26: aus Rovigo	März 22: an Rovigo
März 8: an Venedig	März 22: aus Brescia[4]
März 12: aus Lerdadera	März 21: aus Brescia
März 18: an Venedig	März 24: aus Padua
März 18: aus Lite	März 25: aus Polesene
März 21: an Campo	März 29: an Vicenza

Es war erforderlich, das Sanitätswesen gleich hier eingehender zu erörtern. Es wird im folgenden noch häufig von diesen Einrichtungen gesprochen werden, so dafs auf den vorliegenden Abschnitt immer rekurriert werden kann.

Zunächst aber wird es nötig sein, nachdem die Grenzen zwischen den städtischen und den Kompetenzen der Regierung gezogen sind, einen Blick auf die Marktbeamten selbst zu werfen: Von den städtischen Fleisch- und Fischbeschauern kamen wohl hauptsächlich die letzten für die besonders zur Fastenzeit in grofser Anzahl nach Bozen gebrachten Fische in Betracht, die der vom Rate und vom Landrichter einzusetzende[5] Fronbote, wenn sie verdorben waren, aus der Stadt zu befördern hatte[6]. Die städtischen Platzeinlasser mufsten die Marktstände vermieten.

---

[1] Missiven an hof (Innsbrucker Kopialbücher) 1586 März 29. Innsbrucker Regierung an den Landesfürsten: Die Venediger hätten den Pafs bandisiert. Bitte, beim Kaiser einzukommen, damit dieser den venetianischen Botschafter, den die Republik immer vorgeschoben habe — er habe nichts gemeldet —, veranlasse, einen günstigen Bericht nach Venedig zu senden.

[2] Ordini e proclami 1600 Sept. 25.

[3] Lettere 1631—33. Primo volume. Archivio Communale. Verona.

[4] Anfrage auf die Antwort vom 21. „per staffetta".

[5] Ratsprot. 1556 Dez. 22: Beschwerde des Rates, dafs der Landrichter das Stadtschreiber- und Fronbotenamt allein zu besetzen beanspruchte.

[6] 1543 Dez. 2. Der „Fronbote" des Sachsenspiegels und verwandter Rechtsquellen vor allem im Gerichtsdienst als Urkundsperson und als Vollstreckungsbeamter benutzt. C. Eckert, Der Fronbote. Leipzig 1897. In Bozen war er ferner der Verwalter des städtischen Salzmefsamtes (B. Weber).

Wichtiger für die Marktbesucher waren die geschworenen Unterkäufer und die Fronwäger. In der Handhabung des Unterkäuferamtes trat in Bozen im Vergleich zu anderen Städten — Venedig, Florenz, auch Wien — eine grofse Liberalität zutage. In Venedig begleitete auf Schritt und Tritt den Kaufmann der Sensal; ohne ihn durfte kein Geschäft abgeschlossen werden, und selbst die Wahl der Beamten stand den Deutschen nicht frei [1]. In Bozen aber klagten die Unterkäufer: Nicht allein in der Schafwolle und im Leder würden viele Kontrakte ohne sie abgeschlossen; viele Kaufleute hätten jetzt das Wälsche erlernt [2], und auch ihre Diener wären der Sprache mächtig. Auch in Bozen hatte sich dieser Zustand des Gewährenlassens allmählich herausgebildet [3]. Die Unterkäufer wurden vom Landrichter eingesetzt [4] und standen unter der Leitung eines Bozener Bürgers, des sogen. „Handtgrafen" [5].

Ein gleich freiheitlicher Zug zeigte sich in der Verwaltung des Fronwägeramtes im 16. Jahrhundert, das bis 1343 zurück verfolgbar ist. Ludwig von Brandenburg verlieh es damals einem Vintler. Auch später war das Lehen des Fronwägeramtes, mit dem Lehen eines Hauses am Kornplatz und dem Lehen des Kornmefs- und Weinmefsamtes verbunden [6], in den Händen der Vintlerschen Familie; der Nachfolger dieser Familie in den siebziger Jahren des 16. Jahrhunderts war Paul Gadolt, und an seine Verwaltung knüpft sich ein Streit, der noch später berührt werden wird, der geringeres Interesse wegen seiner Veranlassung als wegen der dabei gepflogenen Verhandlungen verdient. Gadolt hatte 1578 bei der Regierung den Befehl ausgewirkt, dafs alle in Bozen verhandelten wägbaren Güter bei der Fronwage gewogen werden müfsten. Die Entscheidung in dem Streit mit den Kaufleuten ist nicht erhalten. Jedenfalls war das letzte Schreiben der Regierung in einem diesen günstigen Sinne abgefafst. Immerhin bekannten sich die Kaufleute laut der Marktberufung schuldig, alle Güter über 25 *tt*, die sie zu wiegen hätten, bei der Fronwage wiegen zu lassen [7]. — Ähnlichen Bestimmungen unterstanden sie gegenüber den geschworenen Tuchmessern [8].

---

[1] Simonsfeld, Fondaco II, S. 23—28.

[2] Im Spätmittelalter ist Italien die hohe Schule der Kaufleute. Lucas Rem wird nach Venedig gesandt; andere gehen nach Verona, dort das Italienische zu erlernen. Luschin S. 846 f.

[3] Vgl. Zeitschrift des Ferdinandeums, Bd. 44, S. 31 (W. Rottleuthner).

[4] Dies Recht wurde 1635 vonseiten der Erzherzogin Claudia dem Merkantilmagistrate verliehen.

[5] Bozener Marktberufung. Statthaltereiarchiv. Leopold. Nr. 23 Lit. BP.

[6] Archivberichte aus Tirol I, Nr. 2142, 2155, 2157.

[7] Bozener Stadtarchiv. Kasten, Tiroler Kommerz, Nr. 252. Siehe vor allem das Schreiben der Kaufleute von 1578 Juni 10.

[8] „Es soll auch kainerley tuech weder wullen noch leine niemandt

Die Entscheidung eines zweiten Fronwagestreites, der sich über die Jahre 1626—31 erstreckte, nahm die „essenden Speisen“ und Viktualien von dem Wagezwang überhaupt aus. Was aber von den anderen Waren „in der Quantität“ oder zentnerweise abgegeben und gewogen wurde, sollte dem Wagezwang unterliegen[1].

Die Tätigkeit der Zöllner wird später noch enger zu umgrenzen sein. An den drei Zollstätten in Bozen waren je ein Zöllner und ein sogen. Gegenschreiber stationiert. Sie hatten den landesherrlichen, den Stadt- und den sogen. Botschenzoll[2] zu erheben und unterstanden dem Bozener Amtsverwalter, dem landesfürstlichen Finanzbeamten.

In Verbindung stand die Zollorganisation mit der Organisation des Fuhrwesens. Es kann aber hier auf die vielen eingehenden Schilderungen Johannes Müllers verwiesen werden, so dafs es im vorliegenden mehr darauf ankommt, das Besondere der Entwicklung des Transportwesens in Bozen vom Allgemeinen hervorzuheben.

Das tiroler Fuhrwesen zeichnete sich durch besonders straffe Organisation aus, und vor allem in der zweiten Hälfte des 16. Jahrhunderts zeigte sich wie überall, so auch in der Verwaltung des Rodwesens der Zug der Zeit: das öffentliche Leben einer einheitlichen Gesetzgebung zu unterwerfen[3].

Erst aus dem 17. Jahrhundert sind die ersten Bozener Ordnungen[4] erhalten, die landesfürstliche Rodordnung aus dem Jahre 1618, die städtische[5], undatiert, der Schrift nach aus derselben Zeit.

Für den Verkehr über Bozen hat man drei Arten von Fuhrleuten zu unterscheiden: Landesfürstliche Rodleute, städtische Rodleute und Fuhrleute aufser der Rod. Die landesfürstliche Rodorganisation, die sich auf den Verkehr zwischen Bozen

uber 25 ellen messen, dan bey den geschwornen mössern bey ainer peen 25 ℔ und der haab.“ — Wenn Tuch auf Treu und Glauben verhandelt wird, ungemessen, sollen die Messer halben Lohn haben. Bozener Marktberufung (vgl. Anm. 5 auf voriger Seite).

[1] Ratsprotokolle 1631 April 5 und: Verhandlungen über die städtische Fronwage. Bozener Stadtarchiv Kasten 220: Einlage zu einer Schrift von 1631 April 28. Kaltnhäuser, der Inhaber der Fronwage, beanspruchte, dafs alle Viktualien von über 100 ℔., wenn sie auch pfundweise verkauft würden, bei der Fronwage zuerst abgewogen würden. Die Entscheidung des Erzherzog Leopolds lautete anfänglich (1629): Nur was über 100 ℔. an Viktualien auf einmal verkauft würde, sollte bei der Fronwage gewogen werden.

[2] Gehörte einer alten Bozener, aus Florenz stammenden Familie.

[3] Vierteljahresschrift für Social- und Wirtschaftsgeschichte Bd. III, H. 4, S. 580—82. (J. Müller.)

[4] Bozener Stadtarchiv. Tiroler Kommerz Kasten 252.

[5] „Patent dero o. o. Camer-, Rat- und Haufspflegers zu Botzen, Herrn Bernhardt Giovanelli zu Mersburg etc.“, in Gegenwart Augsburger Kaufleute beschlossen.

und Branzoll bezog, war hier wie allerwärts[1] hervorgegangen auf Grund lehensrechtlicher Verleihungen. Der Transportverband für den Verkehr zwischen Bozen und Brixen verdankte seinen Ursprung städtischer Initiative. Beim Stadtrat lag auch die Kaution für die ordnungsgemäfse Besorgung der Güter.

Die landesfürstlichen Rodmeister hatten aus sich selbst den Rodmeister zu wählen, der dem Amtsverwalter zum Handgelübde namhaft zu machen war. Die Rodmeisterraitung — dem Rodmeister wurde jedenfalls von den Kaufleuten der Fuhrlohn gezahlt — mufste in des Amtsverwalters, des Eisackzöllners und dessen Gegenschreibers Anwesenheit abgeschlossen werden[2]. Der Verbindung mit dem Zöllner lag zugrunde, dafs dieser von altersher[3] den Rodleuten die Fuhren wissen lassen mufste. Dies geschah mittelst zweier von den Rodleuten gewählter städtischer Aufleger[4], die, wie sonst, so auch hier wahrscheinlich für die Aufrechterhaltung der vorgeschriebenen Reihenfolge unter den Rodleuten und für die Verteilung der zu befördernden Waren zu sorgen hatten[5]. In der städtischen Ordnung war dies Amt den Ballenträgern zugefallen. Die Aufleger hatten hier nur die im Gewölbe des Wirtshauses zum Engel zu deponierenden Rodgüter auf- und abzulegen[6].

Beide Ordnungen enthalten eingehende Tarife. In der städtischen wurden die Kosten für die Eilgüter, die der Rodmeister oder die Faktoren der Kaufleute durch reitende Boten der nächsten Station ansagen lassen mufsten, um 25 % erhöht. Nach Beibringung der Zettel vom Brixener Ballenhause wurde den Fuhrleuten der Lohn ausgehändigt. Die Aushändigung des Lohnes fand hier also nicht generaliter statt, wie auch der Rodmeister fehlt. Die Fuhrleute hatten auch von ihrem Lohn die Aufleger zu bezahlen[7].

Dagegen erhielten die Aufleger, die den landesfürstlichen Rodleuten die Fuhren wissen lassen mufsten, erst vom Eisackzöllner für ihre Ansagen das Salär. Der Zöllner mufste es von der Zweikreuzerabgabe, die er von der Rod von jedem Wagen erhielt, abziehen. Wagen aufser der Rod mufsten 2 kr extra bezahlen, wovon der eine den Rodleuten zukam, die diese Einkünfte, wie die Bestimmung lautete, für die lange

---

[1] Vierteljahresschrift III, H. 2 u. 3, S. 404.

[2] Vierteljahresschrift Bd. III, H. 4, S. 597. Die Sorge für die Beachtung der Ordnungen wurde vielfach den Pflegern und Richtern übergeben.

[3] So nach der unten behandelten Zollordnung von 1507.

[4] Vgl. hierzu J. Müller, Vierteljahresschrift III, H. 2 u. 3, S. 395 und Geogr. Zeitschr. 11, III, S. 148.

[5] Vgl. J. Müller, Vierteljahresschrift III, H. 2 u. 3, S. 394.

[6] Vgl. J. Müller, Vierteljahresschrift III, H. 2 u. 3, S. 404.

[7] Vierteljahresschrift III, H. 4, S. 581.

unterbliebene Ausbesserung der „Leiferer gassen“ zu verwenden hatten. Jeder Rodmann war aufserdem verpflichtet, für seinen Rodhof alljährlich 10 Fuder Steine für gedachte Ausbesserung heranzufahren [1].

Nicht eingehaltene Verabredungen zwischen Fuhrleuten und Kaufleuten wurden von dem betr. Teile mit 24 kr Strafe gebüfst [2]. Laut der landesfürstlichen Ordnung konnten vom Amtsverwalter, Eisackzöllner oder dessen Gegenschreiber Strafen verhängt werden.

Fuhrleute aufser der Rod werden uns im folgenden noch wiederholt begegnen. Auch sie stellten zum Teil besonders privilegierte Gesellschaften dar [3].

Es erübrigt, die Schilderung der Transportorganisation zum Abschlufs zu bringen durch die Betrachtung des Ballenträger- und Auflegeramtes [4]. In den beiden ältesten Ordnungen aus dem 15. Jahrhundert nehmen zunächst die Bestimmungen einen hervorragenden Platz ein, die dem Bedürfnisse der weinbautreibenden Bevölkerung Bozens Rechnung tragen: Die Aufleger haben den Wein zu schöpfen, die Träger auf das richtige Mafs hin zu prüfen, und den Transport im Stadtgebiete zu übernehmen [5].

Ebenso fiel den Trägern der Transport aller übrigen Waren in der Stadt, z. B. nach der Fronwage, wie die Kontrolle [6] über die richtige Gröfse der zu schnürenden Ballen zu. Die Auf leger dagegen hatten die Ballen zu binden, sachgemäfs die Waren zu behandeln, wohl auch zu reinigen und schliefslich aufzulegen.

Auf Beschwerden der Ballenbinder, die das Recht des Transports gegenüber den Kauf leuten geltend machten, wurde

---

[1] Vierteljahresschrift III, H. 2 u. 3, S. 403. Rodleute zur Wiederherstellung von Wegen verpflichtet.

[2] Vgl. Vierteljahrsschrift III, H. 2 u. 3, S. 405.

[3] Vgl. unten Abschnitt III, D, d.

[4] Für jedes Amt existierte je eine Ordnung. Die Ordnungen sind undatiert. Die Schrift weist aufs 15. Jahrhundert. Sie sind eingeschlagen in Urkunden aus dem Jahre 1483 u. 85. Ferner existieren im Bozener Stadtarchiv verschiedene Ordnungen aus dem 16. Jahrhundert. Kasten: Landesherrliche Verleihungen und Urkunden über städtische Lehen usw., das Weinmesser-, Ballenträger- und Auflegeramt, dann über die Fleischbänke und den Kornplatz.

[5] Vgl. auch Ratsprotokolle 1543 Aug. 28. Aufleger beklagen sich, es werde ihnen in ihrer Besoldung in Messung der Weine von den Bürgern viel entzogen. Der Ausdruck „Messung“ ist nicht zu sehr zu pressen. 1525 Dienstag vor Bartolomei: Den Weinmessern werden jährlich vom Rate die Mafse gegeben usw. 1563 Sept. 6: Aufstellung einer Preistaxe für die Aufleger, wenn sie die Weine ins Fafs giefsen.

[6] Insofern mit dieser Funktion eine gewisse Zollkontrolle verbunden war, fiel dies Amt in Wien z. B. den geschworenen Beschauern zu. Erst nachdem diese die Waren besichtigt hatten, durften die Ballenträger ihre eigentlichen Funktionen übernehmen. Luschin v. Ebengreuth S. 835.

beschlossen, in ihrer Ordnung nachzusehen, ob sie auch aufser Marktzeiten befugt wären, die von den Kaufleuten abgeladenen Waren zu besorgen[1]. Die schliefsliche Entscheidung auf ihre Klagen lautete dahin, dafs die Kaufleute, die durch ihre Diener die Waren tragen und sie „gleich darauf" auf die Saumrosse legen liefsen, den Ballenträgern keine Entschädigung zu bezahlen hätten[2]. Danach war die Beschwerde, dafs der Faktor der Firma J. B. Troyla — eines der gröfsten Bozener Häuser — überhaupt fremde Träger zu Marktzeiten benutze, berechtigt[3]. Auch die Konkurrenz gegen die Aufleger war untersagt[4].

Aufleger und Ballenträger — an Zahl je 12 — standen im Dienst und unter der Aufsicht des Bozener Rates. Der Amtmann verpflichtete sie auf dem Amtshause, dem Rate anstatt der Gemeinde gehorsam zu sein. Neben ihrem eigentlichen Berufe hatten sie in Feuers- und Wassersnöten der Stadt beizustehen, und auch im Dienste des Landrichters wurden sie bei „Malefizsachen" benützt[5]. Der Rat konnte mit Strafen gegen sie einschreiten[6]. Von ihm wurden die Lohntaxen festgesetzt, wurde das Weinmafs jährlich verabfolgt[7], und die gegenseitigen Examinierungen über die Führung veranstaltet[8].

Die Aufnahmebedingungen[9] bestanden in der Verpflichtung auf die Lohntaxe, auf Hilfe in Schaden der Stadt und in der Stellung eines Bürgen. Unter sich hatten sie auf gute Ordnung und Sitte zu halten.

Erst jetzt ist ein zusammenfassender Überblick möglich: Vorzüglich die Betrachtung der Marktämter lehrt, welche tiefgreifende Bedeutung der Landesherr, der alte tiroler Graf, für die Marktverfassung besessen hat. Das Amt der Unterkäufer wird ein landesherrliches gewesen sein[10]; das Fronwägeramt war landesherrliches Lehen, und den Beziehungen von Ballenträgern und Auflegern zu den landesfürstlichen Beamten lag zugrunde, dafs die Aufleger- und Trägerämter sich aus dem alten Weinmefsamte gebildet, zum mindesten in enger Verbindung mit ihm entstanden waren, dafs das Weinmefsamt aber ursprünglich wie das Fronwägeramt mit dem landesfürstlichen Lehen eines Hauses am Kornplatze zusammenhing (1343).

Die Nachfolger der alten tiroler Grafen waren also in

---

[1] Ratsprotokolle 1571 Dez. 1.
[2] 1582 Juni 22.
[3] 1593 Juni 25.
[4] 1628 Mai 30.
[5] 1609 Mai 19; 1612 Juni 12. Ihre Beschwerden darüber.
[6] 1616 Juni 17: Ballenträger wegen Ungehorsams drei Tage und Nächte ins Gefängnis.
[7] 1591 Aug. 16.
[8] 1589 Febr. 10.
[9] 1526 Freitag nach Orich (?); 1546 Juli 3; 1554 Palmarum.
[10] S. oben S. 24.

jener Zeit Grundherren in Bozen geworden, während im 13. Jahrhundert ganz allgemein der Bischof als solcher begegnete. Dem Landesfürsten stand auch im 16. Jahrhundert eine jährliche Abgabe von den Plätzen zu [1].

Anderseits war das Stadtgericht seit 1462 vorläufig, seit 1531 endgültig in die Hände der Habsburger übergegangen [2]. Da das Stadtgericht auch für den Kornplatz zuständig gewesen zu sein scheint, so ist der Schlufs berechtigt, dafs mit dem Stadtgerichte des Bischofs die Gerichtsbarkeit über die Kaufleute verbunden gewesen ist [3]. Aufserdem stand dem bischöflichen Stadtgerichte sicher zu:

2. Die Berufung der Märkte;
3. wurde von jedem Stück Tuch und von Saffran, wenn es über die berufene Zeit verkauft wurde, 2 kr an das Stadtgericht abgegeben [4].

So kam also auch zum mindesten ein Teil der Marktbufsen, von denen 2/3 die Stadt, 1/3 das betr. Gericht erhielt [5], dem bischöflichen Gerichte zu.

Die Strafgelder für die Übertretung der Mafs- und Gewichtsbestimmung werden entsprechend dem landesfürstlichen Gerichte zugegangen sein, da die Mafs- und Gewichtsbestimmung schon 1208, also als uraltes Recht der tiroler Grafen erscheint; zweitens aber wurde von den Nachfolgern dieser Grafen die Einsetzung von Marktbeamten, Weinmessern, Fronwägern auf Grund lehensrechtlicher Verleihungen ausgeübt.

So erscheinen als Begründer des Stadtrates besonders die Nachfolger der tiroler Grafen, und zwar deshalb, weil die neuen Kompetenzen der städtischen Behörde vorzüglich ihre Marktherrlichkeit angingen.

Das Nebeneinanderwirken von Landrichter und Rat im 16. Jahrhundert, von städtischen und in der Hand des tiroler Landesfürsten vereinigten, ursprünglich gräflichen und bischöflichen Kompetenzen ist betrachtet worden.

Den ausschlaggebenden Einflufs auf die Entwicklung des Marktwesens besafs der Rat. Das lag in der Natur der Sache. Wenn bei der Regierung leitende Gedanken auf handelspolitischem, wie auf dem Gebiete der Marktverwaltung getroffen werden, so treten sie auf, häufig sich widersprechend, noch häufiger aber der Praxis ins Gesicht schlagend. Über ihre

---

[1] Die Höhe der Abgabe ist verschieden. Sie war jedenfalls ein Pfefferzoll, der überwiegend in Geld bezahlt wurde. Vgl. städt. Raitbücher 1491 u. 1501.

[2] Kogler S. 635 f.

[3] Vgl. S. 11 und Abschnitt V Einleitung: über den Kornplatz.

[4] Statthaltereiarchiv Max. XIII, 300.

[5] S. oben S. 11.

Zeit hinausweisend sind sie zum Teil mit so ausgesprochenen merkantilistischen Tendenzen durchtränkt, daſs sie sich anhören wie eine volkswirtschaftliche Lektion aus der Zeit des Buches: „Österreich über alles, wann es nur will.“ Demgegenüber steht eine Politik, die nur allzu oft im alten Schlendrian, nach mittelalterlicher Art die Zölle als bequeme Finanzschrauben den Kaufleuten gegenüber in rücksichtslose Anwendung bringt. Und ferner ein weiterer Gegensatz, der ja auch häufig an anderer Stelle hervorgehoben ist: Gerade die Fürsten, groſsen Herren und Regierenden waren auf Kredit und Unterstützung der Groſskaufleute angewiesen und bedienten sich ihrer in ausgedehntem Maſse; und doch brachen der tiroler Landtag wie die Innsbrucker in unverständigem Eifer ihre Lanzen für Bestrebungen wie Beschränkung des Groſshandels, Kauf und Verkauf bei Maſs, Gewicht und Elle.

Dieses Miſsverhältnis von Theorie zu Theorie und von Theorie zu Praxis ist eine natürliche Erscheinung in einer Übergangsperiode, wie sie das 16. Jahrhundert — in jeder Beziehung — darstellt[1].

Dem Bozener Rate aber muſste diese Unbeständigkeit der obersten Leitung ein besonderes Gewicht verleihen; zumal war diese Behörde, auf Grund ihres engen und lebendigen Verwachsenseins mit den Interessen der ersten Handelsstadt Tirols, vor allem geeignet, als trefflicher Regulator zwischen Befehle und Pläne vom grünen Tische und wirkliche Anforderungen des Tages zu treten.

Es war gezeigt, welchen Einfluſs der Magistrat ausübte auf das Sanitätswesen des Landes, wie von Bozen die tirolischen Städte die venezianer Marktpreise erhielten. In den meisten Verfügungen handelspolitischer Art wurde der Rat um seine Meinung gefragt, so als 1560 und 1579 eine Wechselbank in Bozen errichtet werden sollte, und als die Regierung gleichzeitig mit dem Plane umging, die welschen Münzen aus dem Lande zu bringen. Er arbeitete mit an dem Privileg der Erzherzogin Claudia. Die Verhandlungen mit den Kaufleuten lagen gröſstenteils bei ihm[2].

Und auch die Kaufleute bedienten sich gerade des Magistrates als ihres Vermittlers und Fürsprechers. Ihre Supplikation im Fronwägerstreit 1578 wurde mit günstigen Berichten unterstützt, und die Regierung forderte wiederum zweimal die Stadtväter um Bericht und beistehenden Rat in dieser Sache auf[3].

---

[1] An ähnliche Gegensätze, Übergangserscheinungen erinnert F. Rauers (Handelsstraſsen) in Petermanns Mitteilungen, Bd. 52.

[2] Bozener Stadtarchiv. Tiroler Kommerz, Kiste 253. Z. B. als 1612 der Luegzoll erhöht werden sollte, muſsten die Bozener zunächst mit den Kaufleuten verhandeln und mit den geeignetsten die Sache besprechen.

[3] Tiroler Kommerz, Kasten 252.

Hier spielen auch der Landrichter und Landeshauptmann an der Etsch eine Rolle. Dem Schriftstücke der Kaufleute waren vom Hauptmanne selbst erläuternde Bemerkungen hinzugesetzt[1]. Gelegentlich anderer Orientierungen wurde der Bozener Amtsverwalter herangezogen[2]. Nicht selten war auch der Befehl formloser Beratungen, z. B. des Landeshauptmannes mit dem Bozener Bürgermeister, etlichen des Rats und anderen erfahrenen Leuten aus der Landschaft[3].

---

[1] 1578 Juni 10.

[2] 1603 Mai 5 (Buch Tirol): Landeshauptmann, Landrichter und Amtsverwalter sollen über die Wechselhandlung auf den Märkten berichten. 1603 Juni 19 an den Amtsverwalter: Welche Personen besorgen die „Verführung" und Aufwechselung des Geldes?

[3] 1603 April 4 (Buch Tirol): Über die Aufhebung des „unbefreiten" Marktes Corporischristi.

Dritter Abschnitt.

Politisches.

Die Bozener Märkte waren jenes Interesse wert, das ihnen in so reichem Mafse von der Regierung gespendet wurde.

Tirol, das „Land im Gebirge", zu Zeiten des Grafen Albrecht III. und seines Enkels Meinhard II. in territorialer Abgeschlossenheit und Einheit geschaffen, sah frühe, gerade wegen dieser politischen Geschlossenheit, eine reiche Blüte des Handels. Kraftvolle Herrscher wie Meinhard II. fingen an, systematisch den Kaufleuten die Wege nach und durch Tirol zu öffnen, das Strafsennetz auszubauen, Siedlungen und Märkte anzulegen [1].

Diese Bedeutung des Handels, dies Band des gemeinsamen Interesses, das alle Teile des Landes zu einem lebendigen

[1] Siehe v. Voltelini, Die ältesten Pfandleihanstalten und Lombardenprivilegien. Festschrift herausgegeben vom Ortsausschufs des 27. deutschen Juristentages in Innsbruck, S. 16 f. A. Huber, Geschichte der Vereinigung Tirols mit Österreich, S. 226 f. O. Wanka v. Rodlow, Die Brennerstrafse. Prager Studien, Bd. 7, S. 123 f.

Ganzen umschloſs, kam auch in offiziellen Verhandlungen zu starkem Ausdruck, und hier gerade traten die Märkte von Bozen als das „beste Kleinod des Landes“ hervor: „Dann in disem Landt man anderst khain Gewerb oder Handtierung als die Transita unnd den Bozner Marckht hat“, schrieb wohl die Kammer an den Erzherzog Karl[1].

Anderseits erhielten auch die eigenen Landesprodukte, Bergwerkserzeugnisse, Wein, Holz und Salz[2] durch diesen Transit bequeme Absatzgelegenheit. Das Holz wurde zu Flöſsen gebaut, auf denen die Waren den Eisack und die Etsch hinabgingen[3]. Die Fuhrleute auſserhalb der Rod, die von Bayern oder Nordtirol Augsburger Güter nach Bozen brachten, nahmen als Rückfracht die südtiroler Weine[4]. Die Bayern, die mit Getreide nach Innsbruck kamen, beförderten Güter, die mit den sogen. Tarviswagen von Venedig her angekommen waren[5]; und gelegentlich einer geplanten Erhöhung des Luegzolles (am Brenner) 1613 wird die gegenüber den Supplikationen der Kaufleute anfänglich bewahrte Unnachgiebigkeit der Regierung mit ihren Konsequenzen in folgende Beleuchtung gerückt: Das Haller Salz würde künftig im Lande bleiben, die Etschweine würden keinen Abgang haben, die Bergwerke gingen ohnedies zurück. Kein Geld würde künftig aus fremden Orten ins Land zu bringen sein, und die ganze Landschaft um Treu and Glauben kommen[6]. Wenn irgendwo, so galt für die Bozener Märkte der Satz, daſs diese Jahrmärkte die Märkte des Territoriums waren, daſs die territorialen Wirtschaftsinteressen in Zusammenhang mit ihnen ihren lebhaftesten Ausdruck fanden.

Die Bedingungen für die Entstehung von Märkten und Messen angehend, werden vor allem drei Gesichtspunkte angeführt werden können: Künstliche Begünstigung eines Ortes durch Verleihung ausgedehnter Privilegien, periodisches Zusammenströmen groſser Menschenmassen an einem Orte aus religiösem Anlaſs, periodische Warenstapelung an groſsen Kreuz-

---

[1] Tiroler Kopialbücher. Missiven an Hof 1584. Innsbrucker Statthaltereiarchiv.

[2] Vgl. hierzu auch Egger, Geschichte Tirols I, S. 662 mit Literaturangaben S. 682.

[3] Verbot der Flöſsung bis Verona (Tiroler Kopialbücher; Buch Tirol, 1526 Sept. 12); jedenfalls weil das Holz zeitweilig für die inländischen Bergwerke nötig ward. Bucholtz, Urkundenband, S. 359.

[4] Durch die Einführung der Kalenderreform in Tirol fiel der Egidimarkt auf 10 Tage früher. Der Wein konnte — so stellte der Rat dar — zu dieser Zeit noch nicht verschickt werden. Die zum Markte eintreffenden Fuhrleute würden zu dieser Zeit noch keine Gegenfuhren erhalten haben. Ratsprotok. 1583 Dez. 10.

[5] J. Müller, Vierteljahresschrift für Social- und Wirtschaftsgeschichte. Bd. III, H. 2 u. 3, S. 410 und Bd. III, H. 4, S. 570.

[6] Supplic. der Landsch. 1613 Sep. 19. Bozener Stadtarchiv. Tiroler Kommerz, Kasten 253.

punkten des Welthandels, in Zwischenräumen, wo die Strafsen grofsen Lasten zugänglich waren[1].

Wenn auch in jedem einzelnen Falle ein Zusammenwirken mehrerer dieser Momente zu konstatieren sein wird, so ist doch das letzte für Bozen von so überwiegender und ausschlaggebender Bedeutung gewesen, dafs zunächst und vor allem die geographischen Zusammenhänge beleuchtet werden müssen, um das Verständnis für die Gröfse der Stadt zu gewinnen.

Durch die Überschiebung älterer Gebirgsteile über jüngere Sedimente wird der regelmäfsige Bau der tiroler Alpen zerstört. So kommt es, dafs das Streichen der Schichten und Gebirgsketten aus der nordöstlichen Richtung in die östliche übergeht, wobei im übrigen Abweichungen von diesen Hauptrichtungen stattfinden. Es ergibt sich also „ein eigentümlich intermittierender Parallelismus, der durch das Einschieben der breiten kristallinischen Massen der ötzthaler Alpen und der südtiroler Dolomiten zwischen den mittleren Teil der beiden grofsen Fahrstrafsen hervorgebracht wurde[2]."

Ganz anders ist der Gebirgsaufbau der Westalpen regelmäfsig geartet, ganz anders auch weist das Streichen der Gebirgsketten und -schichten eine einheitliche Richtung auf; hier wenden sich diese in annähernd geraden, nordsüdlichen Zügen ihrem Ziele zu, der Linie Mailand—Turin. Diese Linie fängt dann, gewissermafsen als Innenkreis, die in etwa gleichen Abständen auf sie einmündenden Strafsen auf, die wiederum Vereinigungen auf die oberitalienische Tiefebene radial zustrebender Züge darstellen[3]. Wenn wir die Luftlinie von Turin bis Vercelli und von dort bis Mailand ziehen, so kommen als Gesamtsumme etwa 120 km als die Länge dieses Innenkreises heraus. Dieser Länge und der auf sie einmündenden fünf Strafsen steht die Luftlinienentfernung Mailand(exklusive)—Venedig mit rund 235 km und nur drei auf diese Strecke treffenden Strafsen gegenüber, von denen die östlichste, die Salzburg—Villacher, zunächst aus unsrer Betrachtung auszuscheiden hat, weil sie sowohl räumlich, wie in der historischen Bedeutung während unsrer zu betrachtenden Periode ein Ganzes für sich bildet. Die Mündungsstrafsen der östlichen Alpen bedeuten nun nicht die Vereinigung andrer radial auf ein Zentrum zustrebender Züge, sondern grade umgekehrt sind sie gewissermafsen Ausstrahlungen von einem Zentrum, das im Ostalpengebiete selbst liegt, und dessen Aus-

---

[1] Emminghaus, Märkte und Messen. Vierteljahresschrift für Volkswirtschaft und Kulturgeschichte. Jahrg. V, Bd. I, S. 79.

[2] Joh. Müller, Transportwesen der Schweiz und Tirols. Geogr. Zeitschrift. Jahrg. 11, Heft 2, S. 86, und E. Öhlmann, Die Alpenpässe im Mittelalter (Jahrbuch für schweizerische Geschichte, Bd. 3 u. 4).

[3] Schulte I, S. 3. Vgl. für das Folgende auch die Übersichtskarte im Urkundenbande dieses Werkes.

dehnung nach allen vier Himmelsrichtungen etwa die Namen Nassereith am Fernpafs, Brenner, Bozen und Reschenscheideck kennzeichnen. Wie im St. Gotthardsgebiete die Grenzen von fünf Kirchenprovinzen zusammentreffen, so fällt auch in diesen Gebirgskomplex das Grenzgebiet von drei Bistümern: Chur, Trient und Brixen [1].

Die Verbindungslinien der vier Punkte stehen dann wieder auf allen Seiten mit einem mannigfach verzweigten Strafsensysteme in Beziehung, für dessen Ausgangspunkte, was den nordsüdlichen Verkehr auf die Strecke Venedig—Mailand (Mailand exklusive) hin angeht, im Norden etwa Lindau, Ulm, Augsburg, München und Rosenheim zu gelten haben. Die zwei Treffpunkte der Mailand—Venediger Strafse werden durch die Orte Verona und Padua bezeichnet.

Schon aus diesem äufserlichen Verhältnisse von den fünf nördlichen zu den drei südlichen Endpunkten der Strafsenzüge erhellt, dafs die gröfsere Zentralisation des ganzen Systems im Süden des Ausstrahlungszentrums lag, ein Moment, das noch an Bedeutung gewinnt, wenn man bedenkt, dafs die beiden in Verona und Padua mündenden Handelswege sich aus einem einzigen ursprünglichen gespalten hatten. Die beiden Endpunkte dieser Strafse sind Bozen und Trient.

So gilt für den ganzen deutsch-italienischen Handel im Ostalpengebiet, dafs Bozen allein von einer Hauptstrafse nicht berührt wurde, der Strafse, die, über Toblach und Pieve di Cadore gehend, in Mestre—Venedig endigte und den Namen „untere Strafse“ trug. Umgangen wurde auch Bozen von einer kurzen Strafsenverbindung, die eine Abkürzung zwischen Auer und Meran darstellte und die Orte Eppan und Unterrain berührte. Wie wir sehen werden, ist sie im 16. und 17. Jahrhundert von untergeordneter Bedeutung.

Sie begründete auch das Konkurrenzverhältnis, das unzweifelhaft zwischen Meran und Bozen bestanden hat, und das noch im Jahre 1522 zutage tritt. Der endgültige Sieg Bozens aber hängt zusammen mit dem Bau des Kunterweges im Jahre 1317 [2]. Bis zu diesem Jahre nämlich besafs die Strafsenrotunde Reschenscheideck—Nassereith—Brenner—Bozen einen nur unvollkommenen Abschlufs nach Süden hin. Wie wir sahen, mufste nach der Urkunde von 1202 immerhin ein Verkehr, auch von Fremden, zwischen Brixen und Bozen angenommen werden. Aber diese Verbindung bestand, ebenso wie die Parallellinie von Meran nach Sterzing über den Jaufen [3], in einem Saumpfad, und zwar über den im Norden Bozens liegenden Ritten, war also für einen Wagenverkehr unzureichend. Mit

---

[1] Schulte I, S. 54.
[2] Vgl. v. Rodlow S. 148.
[3] Vgl. auch v. Voltelini S. 9f.

dem Bau des Kuntersweges längs der bis dahin unzugänglichen Eisacktalstrecke oberhalb Bozens und mit dem zu gleicher Zeit geführten weitern Ausbau der Rittenstrafse war die Verbindung der Stadt mit dem Brennerpasse auch für den Verkehr mit schwereren Lasten, die Verbindung der über Meran-Bozen laufenden sogen. obern Strafse und der über Innsbruck, Lueg, Toblach usw. laufenden untern Strafse hergestellt. Bozen bedeutete also auch für den Grofsverkehr plötzlich den Treffpunkt von drei Strafsenzügen, der Brennerstrafse, der untern über Meran verlaufenden Strafse und des südlichen Etschtales. Es hätte gar nicht des wohl bald aufser Kraft getretenen Privilegs Karls IV. bedurft, das sich gegen die Umgehungsstrafse über Unterrain richtet[1], dafs Meran vornehmlich durch diese eingetretenen Konstellationen völlig ins Hintertreffen geriet.

Auch Meran besafs uralte Märkte. In Verbindung mit ihnen stand das Meraner Gastungs- und Niederlagsrecht, das König Heinrich 1328 und 1333 gegenüber den Maisern für die Stadt monopolisierte[2]. Für den Bozener Markt war zunächst von Bedeutung das Weinprivileg, das 1370 nachweisbar ist[3], und das die Einfuhr welscher Weine von unterhalb Evis (Lavisbach) ins Land hinein verbot. Aber wenn diese Bestimmung — die bis in die späteste Zeit streng gehandhabt wurde[4] — direkt dem Bozener Eigenhandel zugute gekommen sein wird, so war der Zweck eines zweiten Privilegs, das im Jahre 1486 bestätigt wurde[5], der, Bozen wenigstens für eine Warenbranche, für Öl, zum unumgehbaren Niederlags- und Stapelplatze zu machen. „Daz alles Oel so heraus in Theutsche Land gefurt, zu Botzen nidergelegt, daselbs kaufft und verkaufft, auch aufgemessen sol werden . . . . . Daz Ir (Amtleute und Richter in Tirol) . . . . mit vleyss bestellet und darob seyet, damit solh Oel gen Botzn gefurt . . . . und deshalben von unserm Ambtmann daselbs ein paltn[6] nitt hettn, dieselben aufhaltet.“ Auch der landesfürstliche Zolltarif vom Jahre 1507[7] zeigt eine deutliche Ten-

[1] Karl IV. verlieh Bozen den Strafsenzwang in Rücksicht auf die Nebenstrafse über Eppau. Jäger I, S. 675.

[2] Stampfer, Urkunden Nr. V u. VIII.

[3] Tiroler Archiv IV, S. 363 u. 368. Die Bürger Bozens haben sich wegen Umgehung dieses Privilegs beschwert. Also gebietet Herzog Leopold seinen Amtleuten . . . . (1370).

[4] In der zweiten Hälfte des 16. Jahrhunderts bestand in Bozen eine eigene Weindeputation, die die Einfuhr von unterhalb der Lavisbrücke zu hindern und die jährlichen Preise festzusetzen hatte, die dann über den Landeshauptmann an der Etsch an die Regierung gingen. G. dal. Ri. S. 25.

[5] Bozener Stadtarchiv. Landesherrliche Verleihungen usw.

[6] Polliten, Ausweisscheine. Die Sperrung des Transits für bestimmte Artikel pflegte allgemein durch solche Scheine zu geschehen. Tiroler Kopialbücher. Buch Tirol S. 65.

[7] Statthaltereiarchiv.

denz. So wurde die gesamte Warenkategorie „Fastenspeise“, wenn sie in Bozen feilgehalten wurde, mit 4 kr gegenüber dem Transitsatze von 6 kr verzollt. Einen exorbitanten Transitaufschlag erlitt dann das Kupfer, wie wir im folgenden sehen werden, und vielleicht auch Venediger Ganz- und Halbgut mufste ähnliche Aufschläge erdulden. Es wurde nicht auf dem gewöhnlichen Wege beim Eisackzöllner, sondern, wenn es „durchaus gefuert“ wurde, besonders im Amtshause abgezollt, ohne dafs der betr. Tarif die Höhe des Zollsatzes angibt.

Aber kehren wir wieder zur Meraner Konkurrenz zurück. Ein Niederschlag davon findet sich in einem sehr merkwürdigen Befehl Kaiser Karls V. vom Jahre 1522[1]: „Wir werden glaublichen bericht, wie sich die kaufleut aus Teutschen unnd walschen Landen understehen, wann sy auf die Marckht so alle Jar an Meran gehalten werden faren, dafs sy alle Ire guetter unnd kaufmannswoar . . . zu Botzenn niderlegen und solche Ire guetter daselbs verkauffen, verwechslen unnd in annder weg da mit hanndlen.“ Das bringt den landesherrlichen Zöllen und den Meranern Schaden. Demgemäfs soll der Landrichter öffentlich berufen lassen, „das alle die kaufleute so die obbemellten Marckt zu Meran zuersuchen sein, solhe Ire vorangezeigten guetter aufserhalben des kupher und Rohen ungewurckten Leders geen Meran fuern unnd dieselben bey verlierung derselben Irer hab und guet faylhaben und verkauffen; unnd wollest[2] in in kainen weg gestatten, das solhe guetter durch sy wider alltherkomen und diss unnsers lands der fürstl. Graffschaft Tirol ordnung und gebrauch dermassen wie ain zeitheer beschehen ist, zu Botzen nidergelegt werden.“

Spielte man in dem letzten Passus an auf das alte Meraner Niederlagsrecht, das auch gegenüber Bozen seine rückwirkende Kraft erhalten und ausüben sollte? Im übrigen kennzeichnete sich dieser Befehl vom grünen Tisch durch groteske Unkenntnis des historisch Gewordenen.

Gefährlicher wäre die Errichtung von Märkten in Tramin geworden. Die Bozener haben mit Erfolg sehr scharf dagegen opponiert. Es wurde richtig hervorgehoben, dafs der Konkurrenzort besonders den schwäbischen Kaufleuten bequemer gewesen wäre[3].

Die Neider und Widersacher *κατ᾽ ἐξοχήν* aber sind die Venetianer gewesen. Wenn auch der Eröffnung des Eisacktales (1314—17) und dem weitern Ausbau der Wagenstrafse, die bei Rentsch, unweit Bozens das Rittenplateau erstieg

---

[1] Stampfer S. 86 und Urkunden Nr. LIV. An Baptista Pilos, Landrichter zu Gries und Bozen.

[2] Nämlich der Landrichter.

[3] Bozener Stadtarchiv. Schreiben vom 22. Sept. 1518. Bozener Behörden an den Kaiser. Vgl. auch den mir nicht zugänglichen Nationalkalender für Tirol, 1848, S. 82.

und bei Kollmann wieder auf den Talboden traf — den Grundbedingungen für die Gröfse Bozens — die Venetianer Feindliches nicht in den Weg gestellt haben, so ist doch auch die Auffassung unzulässig, dafs sie bei diesen neuen Bauten gewissermafsen zu Taufe gestanden hätten, dafs diese durch ihre Bemühungen veranlafst worden seien, sich statt des Gotthards, der unsicher und teuer geworden war, den Brennerweg neben der Reschenscheideckstrafse offen zu halten[1]. Die Bitte der Signorie an den Markgrafen Ludwig (1351), den venetianischen Handel durch Tirol sowie ultra montes in Schutz zu nehmen[2], ist sehr allgemein gehalten, und schon seit 1339, wie kurz darauf betont wird, hat Venedig, nachdem es seine Herrschaft über Treviso ausgedehnt hatte, die Ampezzanerstrafse begünstigt.

Wie es sich auch mit der Stellung der Republik gegenüber der neuen Strafsenanlage verhalten mag — bis zum Jahre 1487, als Erzherzog Sigmund seinen Krieg gegen Venedig einleitete durch die plötzliche Gefangennahme von 130 Kaufleuten, die sich des Mitfastenmarktes wegen in Bozen aufhielten, haben venezianische Kaufleute dort verkehrt[3].

Eine Verlegung der Bozener Märkte nach Mittenwald (im heutigen Oberbayern) hat nun natürlich nicht stattgefunden, wenn es auch möglich ist, dafs die Venezianer von nun an diesen Ort vorgezogen haben[4]. Das aber würde seine innere Begründung gehabt haben in der Entwicklung der handelspolitischen Verhältnisse gerade in jener Zeit. Venedig war auch für den südostdeutschen und ostitalienschen Handel die Vermittlerin[5]. Im Beginne der neuen Zeit hat wohl die Republik sehen müssen, wie sie auch aus dieser Stellung von Position zu Position geworfen wurde. Ein Hauptartikel des venetianischen Handels war der Saffran. Er kam aus Aquila, Apulien, Calabrien, den Abruzzen und Marken nach Venedig. Schon 1479 klagte ein venetianisches Dekret, die Deutschen hätten sich jetzt dem Mailänder Markte zugewandt. Diese Verhältnisse aber hatten sich seit 1492 nicht geändert. Damals hiefs es, die Kaufleute gingen sogar hin, „wo er (der Saffran) wächst“, und verallgemeinernd wurde berichtet, sie brächten Silber und andre Waren nach Mailand, kauften dort Goldfäden und Seide in grofser Menge, die sie vordem aus Venedig geholt hätten[6].

[1] Vierteljahresschrift für Social- und Wirtschaftsgeschichte, Bd. III, H. 2 u. 3, S. 386. (Müller.)

[2] Vgl. auch Mones Zeitschr. für Gesch. des Oberrheins, Bd. V, S. 20.

[3] Albert Jäger, Gesch. der landständischen Verfassung Tirols, Bd. II, Teil 2, S. 322 f.

[4] Vgl. J. Baader, Chronik des Marktes Mittenwald, S. 182 f., und H. Simonsfeld, Fondaco II, S. 95.

[5] H. Simonsfeld, Fondaco II, S. 35 und Schulte I, S. 599.

[6] W. Lenel, Die Entstehung der Vorherrschaft Venedigs an der

Für die Umgehung Venedigs im Ostalpengebiet kam allein die über Verona—Trient nach Bozen gehende Linie in Betracht[1]. Das beweist ein Blick auf die Karte. Zunächst aber blieb alles ruhig. Ganz abweichend von dem Verhalten seines Vorgängers in der Regierung Tirols hat Kaiser Max mit seiner ausgesprochenen Sympathie für die süddeutsche Handelswelt und städtische Aristokratie[2] während des Krieges 1508—1517 den Handel der Deutschen „gnediglich geschehen lassen." Die Pafssperrung von 1513 war veranlafst durch die Hoffnung des Kaisers, den Krieg binnen kurzer Zeit beenden zu können[3]. Auch von Italien her hören wir nur einmal, die italienischen Kaufleute wollten die Tiroler Märkte nicht mehr besuchen, wie denn auch der Bozener Markt erheblich abgenommen habe[4].

Der eigentliche Kampf setzte in den dreifsiger Jahren des 16. Jahrhunderts ein. Schmoller führt in seinem Artikel über die ökonomischen Anschauungen im 16. Jahrhundert[5] einen sehr interessanten Passus an und beruft sich dabei auf den alten Bucholtz[6]. Woraus dieser geschöpft hat, habe ich nicht ersehen können. Seine kurze Schilderung der Angelegenheit enthält zwei interessante Momente: 1. 1535 befehlen die Venediger, dafs alle transitierenden Kaufmannsgüter von Verona nach Venedig gebracht werden sollen; 2. der allgemeine Eindruck, den dies Gebot hervorruft, ist der, dafs diese neuerlichen Vornahmen der Venetianer in Verbindung ständen mit den Verlusten, die durch die portugiesische Schiffahrt der früheren Beherrscherin des Orienthandels zugefügt seien. Ungerecht aber sei das Streben der Signorie. „Die Neuerung sei auch ganz Süddeutschland nachteilig."

Die Vermittlerstellung Venedigs im Handel des übrigen Italiens mit Deutschland aber beruhte in der handelspolitischen Überlegenheit, vor allem über die italienischen Kommünen[7]. Allein über die deutschen Kaufleute wurde ja geklagt.

Hatte die Republik wirklich so ganz und gar ihrer alten Politik den Deutschen gegenüber vergessen? Suchte sie ihre

---

Adria. Vgl. besonders Kapitel 6: Weitere Ausbildung des handelspolit. Systems.

[1] Auch hat W. Heyd in den Württemb. Vierteljahresheften 1880 S. 147 ff. nachgewiesen, dafs im spätern Mittelalter die schwäbischen Kaufleute nach Venedig nicht durch das Etschtal, sondern durchs Val Sugan über Treviso zogen.

[2] Max Jansen, Kaiser Maximilian I. München 1905, S. 133.

[3] Simonsfeld, Fondaco II, S. 119—123.

[4] A. Zeibig, Der Ausschufslandtag der ges. österr. Erblande zu Innsbruck 1518. Archiv für Kunde österr. Geschichtsquellen. Bd. XIII, S. 201—293.

[5] Zeitschr. für d. ges. Staatswissenschaft, Bd. XVI.

[6] F. B. v. Bucholtz, Geschichte der Regierung Ferdinands des Ersten. Bd. VIII, S. 360 u. 61.

[7] W. Lenel, vgl. Kap. 6.

erschütterte Stellung zu verbessern durch die Wiederbefestigung eines Monopols, das sie von altersher unverkürzt besessen hatte? Eines Monopols, dessen Bedeutung um die Wende des 15. Jahrhunderts rapide stieg [1], das ihr zu gleicher Zeit verloren zu gehen drohte, das, um es zu befestigen, zu ummauern, zu behaupten, nur der Ausdehnung des einmal begonnenen Systems von den italienischen Städten auf die deutschen Kaufleute bedurft hätte.

Wenn die Republik solche Absichten hegte, bedeutete das, wie es scheint, ein abenteuerliches Wagestück, unwürdig der hohen venetianischen Politik? Welcher Voraussetzungen hätte es zur Durchführung bedurft, und waren es nicht gerade die Märkte in Bozen, die vor allem durch solch kühnes Streben auf dem Spiele standen?

Die Antwort mufs gesucht werden; zunächst aber und vor allem die Antwort darauf, um was es sich genau bei dem Streite, der ein ganzes Jahrzehnt anscheinend gedauert hat, handelte. Denn gerade dies zu bestimmen wird nicht einfach sein. Die Innsbrucker Kopialbücher bieten eine reichfliefsende Quelle. Aber der Character dieser Quelle — Benachrichtigungen der Innsbrucker Regierung an den in Wien oder sonst meist auswärts residierenden Landesfürsten Ferdinand, Anweisungen und Befehle an den Tiroler Beamtenapparat, Benachrichtigungen an die tirolischen Stände usw. — bringt es mit sich, dafs wohl über die Erfolge der Verhandlungen, über neuerdings eintretende Konstellationen mit reichlicher Ausführlichkeit berichtet wird, selten aber die Sache selbst, die als bekannt vorausgesetzt wird, zur Sprache gelangt.

Nachdem schon am 9. Dezember 1532 die Mafsnahmen an der Doana zu Verona Gegenstand eines Schreibens der Regierung an den Landeshauptmann an der Etsch, Freiherrn von Firmian, gewesen waren [2], supplizierten am 29. Dezember der Bischof von Trient und einige Adlige aus der Landschaft, die sich durch die Neuerung beschwert fühlten: Zu grofsem Schaden und Nachteil für die Grafschaft Tirol werde es ausschlagen, wenn die Venezianer beföhlen und darauf drängten, „dafs die Kaufmannsgüter, die von dem Bozener Markt kämen, über Verona gehen müfsten,“ bevor sie an ihren Bestimmungsort in Italien gelangten [3]. Diese Formulierung der venetianischen Mafsnahmen, die also grundverschieden von der Bucholtzschen Fassung ist, begegnet am 17. November 1535 [4] zum zweiten Male. Es handelt sich hier um

---

[1] Vgl. die Bozener Zollzahlen im folgenden Abschnitte.

[2] Tiroler Kopialbücher. Buch Tirol.

[3] Das Schreiben ist lateinisch und spanisch abgefafst. Lateinisch heifst die Stelle: „Merces, quae ex Bulzano ad diversas partes Italiae ducuntur, Veronam primo vehi debeant.“

[4] Buch Tirol.

ein Schreiben der Venediger an die Innsbrucker Regierung — jedenfalls ein Abschied der ersten Tiroler Gesandtschaft, die, wie später ersichtlich, um diese Zeit ihr Ende fand. Zwei Teile hat das Schreiben: Der Doge Andreas Gritti entschuldigt sich: „Nos cum vectigalium nostrorum eam rationem ducendam a nobis esse existaremus, quae ab iis omnibus, qui regnorum rerumque publicarum curam gerunt, jure optimo haberi debet et solet, quando pontoni et Gussolengi[1], locorum id nomen est, qua merces iter faciebaut, vectigalia nostra multa defraudari pro certo comperissemus, statuimus Veronae, ut certus statueretur locus, per quem sine detrimento redituum nostrorum merces ëe iter commode facere possent ...“ Und die Signorie schreibt ähnlich, dafs auf ihren Befehl bestimmt sei, „che tutte et cadaune robe et mercantie, qual de cetero si condurano in la dohana di Verona, che prima si soleano discargar a Ponton et Gussolengi, per transito siano et esser debano libere et exente di pagamento di alcun datio del loco de Isolo in Verona, qual si chiama la muda del vescovado, sicome non pagavano nelli ditti loci di Ponton et Gussolengo“[2]. Beide Formulierungen bringen also eine wesentliche Bestätigung des Trienter Schreibens. Aber näher! In dem Schreiben des Dogen erfahren wir zum ersten Male die andern Orte, über die der Handel zu gehen pflegte. Das Schreiben des Rates aber ist ein Musterstück dafür, wie man bittere Pillen süfs macht. Werden die Kaufmannswaren, die früher über Ponton und Gussolenghi gingen, auch sonst über Verona gegangen sein? Aber dieser Gedanke, der in einem unverbindlichen Nebensätzchen erscheint, wird schlechterdings nicht fortgeführt, sondern im weitern lediglich auf die Befreiung von dem Zolle in Isolo, dem Veroneser Bistumszoll, und von den Zöllen in Ponton und Gussolenghi verwiesen. Aber handelte es sich hier nicht vielleicht um eine grofse Selbstverständlichkeit, nämlich die, dafs den Kaufleuten zwar unbenommen blieb, die fraglichen Orte zu berühren, wobei sie jedoch selbstverständlich von den dortigen Zöllen befreit waren, weil sie ja eben über Verona gehen mufsten und dort den Zoll, den sie sonst nicht hätten zu bezahlen brauchen, zu erlegen hatten?[3] Wie dem auch

---

[1] Gussolenghi ist nicht bestimmbar. Ponton ist Strafsenübergang für die Richtung: Rovereto—Pastrengo—Castelnovo—Valleggio—Roverbella—Mantua.

[2] Zu Deutsch: „Dafs all' und jede Kleidungsstoffe und Kaufmannswaren, die auch sonst in die Dogana zu Verona werden geführt werden, die früher in Ponton und Gussolenghi abzulegen pflegten, wenn sie durchgingen, frei sein sollten vom Zoll von Isolo in Verona, der Maut des Bistums, wie sie auch nichts zu bezahlen brauchten in den erwähnten Orten Ponton und Gussolenghi.“

[3] Es scheint auch beachtenswert, dafs der Doge die Zölle Ponton und Gussolenghi als Korrespondenzzölle hinstellt.

sei — die Hauptsache bleibt: Die Kaufleute sind, gegenüber früher, gezwungen, künftig über die Stradella zu Verona zu ziehen.

Um die Stradella zu Verona erhob sich der Streit und um keine Zollerhöhungen. Die Frage sieht sich in diesen Anfangsstadien fast zu klein an, um einen so grofsen Apparat in Bewegung zu setzen, wie es geschah und wie weiter unten ersichtlich werden wird. Und ein gewisses Erstaunen scheint sich auch wiederum abzuspiegeln, wenn wir am 30. Oktober 1533 in einem Bericht der Innsbrucker Regierung[1] finden: Wir haben „den Commissarien, [die] des Wasser- unnd Strafsenpaws halben geen Bozn verordent" [sind], befohlen, sich bei den Kaufleuten zu erkundigen, „was merern beswerden, Sy aus dem, das Sy die Gueter Numals alle zuuor geen Bern fuern muefsfsen dann vor Ee und Sy (sic) dise Ordnung furgenomen und doch an Zoll unnd Mauten kain veränderung tan haben, Unns dann desselben sambt Irem Rat unnd guetbedunken zu berichten." Die Venezianer liefsen nicht lange auf sich warten. Am 1. Januar 1534 schon wurde vom Hof an die Innsbrucker Regierung geschrieben[2]: Die Hofräte hätten aus einem Bericht des Trienter Zöllners vernommen, „welcher gestalt die Venediger über die vorfürgenomene beschwärung und newerung, das sy die Niderlag zu Bern wider alt herkomen veränndert, und die Kheuff und Kauffleutt auf annder Strafsen zu Irem nuz unnd vortl zu dringen understannden, abermalen von newem[3] durch das land der fürstlichen Graffschafft Tyrol strackhs auf Maylannd gefuert werden, zuuor geen Venedig fueren, daselbs vertäzen[4] und verzollten, und dann von Venedig erst wider auf Mayland oder ander Orten in Italia fueren solln." Das sei ganz unleidlich, berichteten die Hofräte, und weiter meinten sie, „dafs die Kaufleute ... der Venediger Erste furgenomene newerung mit veränderung der Niderlag nit gedulden oder leiden mugen."

Ein weiteres Moment enthält schliefslich noch die Instruktion des Tiroler Gesandten[5], der Anfang des Jahres 1536 nach Venedig ging: Die Basis, auf der er sich zu vergleichen habe, sei die, „ut liber transitus concedatur earum mercium, que ex Germania in Italiam vehuntur et illinc in Germaniam revehuntur."

So sind drei Stufen in dem Vorgehen der Venezianer zu unterscheiden:

---

1 Missiven an Hof (Tiroler Kopialbücher).

2 Missiven von Hof (Tiroler Kopialbücher).

3 Es würde hier zu ergänzen sein: [befohlen hätten, dafs die Kaufmannsgüter, die].

4 dazio = der Zoll.

5 Buch Tirol 1536 Jan. 3.

Erstens: Der Handel wird über Verona gezwungen; und zweitens wird der weitere freie Durchgangsverkehr von dort aus zugunsten Venedigs gehindert. Zunächst ist nur von den aus Deutschland kommenden Gütern die Rede; dann werden auch die italienischen erwähnt. Der erste Fortschritt in den Mafsnahmen der Venezianer liegt zwischen dem 30. Oktober 1533 und dem 1. Januar 1534[1]. Behinderung auch der italienischen Güter kommt erst am 3. Januar 1536 zur Sprache.

Das Ziel, das die Venezianer auf dem angegebenen Wege suchten, ist kurz und bündig das, ihr Gebiet oder ihre Stadt zum unumgehbaren Stapelplatz des nordsüdlichen Handels über die Strecke Mailand (exklusive) — Venedig zu machen. Wie wir sahen, kam von den drei auf der Strecke Mailand (exklusive) — Venedig mündenden Handelswegen nur der über Verona ernstlich für eine Umgehung Venedigs in Betracht[2]. Von hier ging die Strafse nach Süden direkt weiter nach Mantua—Mirandola—Bologna. Anderseits — und dieser wohl nicht sehr gewöhnliche Fall wird in dem „Missif von hof" vom 1. Januar 1534 gesetzt — nahmen von da die Waren in ungefähr rechtem Winkel zur bisherigen Direktion ihren Weg nach Mailand. So lag vornehmlich in der Veroneser Dogana der Schwerpnnkt der handelspolitischen Bestrebungen der Republik[3].

---

[1] Freilich setzt Bucholtz die venetianische Verfügung, die Kaufmannsgüter sollen über Venedig gehen, erst ins Jahr 1535. Auch der besprochene Abschied der venetianischen Regierung vom 17. November 1535 erwähnt nur die erste Stufe der venezianischen Mafsregeln. Am 1. Januar 1534 wird aber schon klar und deutlich zwischen einer ersten und zweiten Neuerung unterschieden. Da die zweite Neuerung nicht ohne die erste durchführbar war, wird die letzte vor allem der Hauptgegenstand der Verhandlungen gewesen sein.

[2] In der Tat haben es sich die Venezianer stets angelegen sein lassen, den deutschen Warenzug über Padua oder Treviso zu lenken. Sie scheinen mit diesen Bemühungen Erfolg gehabt zu haben. Vgl. Archiv für Kulturgeschichte, Bd. I, 1903, S. 333 (J. Müller). Auch W. Heyd hat in seinem Aufsatze über die kommerziellen Verbindungen der oberschwäbischen Reichsstädte mit Italien und Spanien im späteren Mittelalter nachgewiesen, dafs die Kaufleute vorzüglich durchs val Sugan, nicht die Etschstrafse entlang zogen (Württemb. Vierteljahreshefte für Landesgeschichte, 1880, S. 141 ff.).

[3] Die hohe Bedeutung Veronas für die handelspolitische Stellung Venedigs schon in früher Zeit erhellt aus zwei Handelsverträgen zwischen den beiden Kommunen aus den Jahren 1107 und 1192. Im letzten ist vor allem das Versprechen Veronas interessant: „Permittemus venire Venecias omnes homines venire volentes, nostros et extraneos, cum rebus omnibus, quas afferre voluerint . . . . Tenebimus Aticem securum omnibus Veneticis et omnibus aliis venientibus ad Venecias, et exeuntibus a Veneciis, a Verona usque Capudaggeris (Cavarzere)." Vgl. C. Cipolla, Nota di storia Veronese." Nuovo Archivio XV, S. 294—299 u. 307—314.

Ein Handelsvertrag zw. Verona und Venedig wird auch 1322 erwähnt. H. Spangenberg, Cangrande I. della Scala. Teil 2. Berlin

So war auch Bozen, wenn es Venedig erzwang, für sich den Stapelplatz des deutsch-italienischen Handels zu erringen, vernichtet. In der Tat sehen wir von Anfang an grade den Namen Bozen besonders häufig in die Verhandlungen hereingeworfen. Gleich das erste Schreiben des Bischofs von Trient an den Kaiser vom 5. März 1532 nannte die Kaufleute, die vom Bozener Markt kamen, als die Betroffenen, sprach also in einem Sinne, der die Sache nicht ganz traf oder doch viel zu eng faſste. So begegnet ferner ein Schreiben vom Landrichter in Bozen: Der Markt sei durch die Dogana in bedenklichem Abnehmen begriffen[1]. Auch der Umstand gibt zu denken, daſs es gerade die Bozener Märkte waren, auf denen ein guter Teil der weitern Verhandlungen sich abspielte. Damit sind wir aber wieder zu unsern Quellen zurückgekehrt, die jetzt eingehender geprüft werden müssen.

Schon 1529 und 1530 waren Unfreundlichkeiten handelspolitischer Natur mit Venedig vorgekommen. Die Vieh- und Getreidedurchfuhr nach Italien wurde zum Teil ganz gesperrt. Anderseits hatte in Venedig zur steten Beunruhigung der Innsbrucker Regierung der Hauptführer im Tiroler Bauernkriege, Michael Gaismair, sein Unterkommen gefunden, und man erzählte sich, welche Pläne er zu einem erneuten Einfall ins Tiroler Land mit der Republik geschmiedet hätte (Buch Tirol II). Dann war schon am 9. Dezember 1532 die erste Erwähnung der Venezianer Neuerung aufgestoſsen. Sie schlug keine groſsen Wellen. Erst im Oktober des nächsten Jahres setzt eine lebhaftere Bewegung ein: Freiherr von Firmian, der Landeshauptmann an der Etsch, erhält die Aufforderung, sich besser zu instruieren[2]. Bald darauf wird er auf Befehl des Kaisers um gründlichern Bericht angegangen[3]. Am 26. Dezember 1533 wird von einem eingelaufenen Schreiben des Bozener Rats und etlicher deutscher und welscher Kaufleute berichtet, das augenscheinlich die Reaktion auf vorausgegangene Verhandlungen des kaiserlichen Orators in Venedig darstellte[4].

Von dem Plane, auch tirolischerseits in Venedig vorstellig zu werden, wird erst im Juli 1534 nach Trient hin berichtet[5], und bis in den September hat dort ein Kommissorium getagt, das die Restitutionssache zum Gegenstande seiner Beratungen

---

1895, S. 156 ff. Über die handelspolitische Stellung Veronas handeln vor allem: Lenel, Vorherrschaft, S. 40 u. 72. Kretschmayr, Venedig, S. 500. Ferner: Vittorio Marchesini, Commercio dei Veneziani nel territorio di Verona 1260—1329, Verona 1889. Letzteres war mir nicht zugänglich.

[1] Buch Tirol 1541 Nov. 10.

[2] 1533 Okt. 7, Buch Tirol.

[3] November 14, Buch Tirol; vgl. auch Okt. 30, Missiven an Hof.

[4] Vgl. Missiven an Hof, 1533 Okt. 30 u. 1534 Jan. 1.

[5] 1534 Juni 2: an den Trienter Bischof, Buch Tirol.

hatte[1]. Die darauffolgende Tiroler Gesandtschaft, die im Verein mit dem kaiserlichen Orator in Venedig unterhandelte, hatte keinen Erfolg[2], und es wiederholte sich nun derselbe Turnus: Juni 1535 Beratung der Angelegenheit in Innsbruck[3], Sendung Tiroler Gesandter[4], die abschlägig beschieden wurden. So wurde denn der Landeshauptmann an der Etsch angewiesen, die Kaufleute auf dem Bozener Markte zu befragen, „was mangels sie noch in derselben Hanndlung hätten“[5]. Die Antwort ist nicht erhalten: am 3. Januar 1536 wurde der Tiroler Gesandte Jeremia mit Einführungsschreiben bei der Republik und eingehender Instruktion versehen[6].

Schon in den früheren Verhandlungen hatten die Städte Augsburg, Nürnberg und Ulm eine Rolle gespielt. Ulm — wie wir später sehen werden, war diese Stadt am meisten betroffen — war die Veranlassung gewesen, dafs die drei Städte die Unterstützung der habsburgischen Vertreter in Venedig während der ersten Verhandlungsperiode zugesagt hatten[7]. Die Süddeutschen scheinen ganz auf dem Standpunkte der Innsbrucker Regierung gestanden zu haben. So konnte jetzt unter dem Hinweis, dafs die weitere Hartnäckigkeit der Venezianer die Verödung der Strafsen zur Folge haben würde, Jeremia sehr glücklich betonen, dafs in jedem Falle den Forderungen der Kaufleute Genüge geleistet werden müsse, dafs man sich auf dieser Grundlage zu vergleichen habe; und zwar bestehe diese Grundlage in dem freien Transithandel und in der Stabilität der Veroneser Zölle. Im April 1536 mufste auch dieser Gesandte unverrichteter Sache von Venedig seinen Abschied nehmen[8]. Die Republik aber erging sich gegenüber dem kaiserlichen Orator Lupo de Soria in Beschwerden über erlittenen Schaden einiger gentiluomini und über Banditen in Tirol[9].

Nun wurde auch der Tiroler Landtag, der sich im September 1538 zur Zeit der Märkte in Bozen versammeln sollte, mit der Angelegenheit betraut und Ulm, Augsburg und Nürnberg am 31. August gebeten[10], bei dieser Gelegenheit Kaufleute auszuwählen, die für die Städte sprechen möchten. Wiederum war es Jeremia, der im August 1539 auf einer Ge-

---

[1] 1534 Juli 30 u. 1534 Sept. 4, Buch Tirol.
[2] 1535 Jan. 9, Buch Tirol.
[3] 1535 Juni 15, Buch Tirol.
[4] 1535 Nov. 17. Das oben wiedergegebene Schreiben des Dogen und des Venediger Rates. Buch Tirol.
[5] 1535 Dez. 2, Buch Tirol.
[6] Buch Tirol.
[7] 1534 Sept. 6 u. 1534 Oktober 10. Buch Tirol.
[8] 1536 April 22 u. April 26. Buch Tirol.
[9] Buch Tirol III, S. 86 u. 133.
[10] Buch Tirol.

sandtschaft in Venedig anzutreffen ist[1]. Aber er hatte grade damals trübe berichtet, dafs die Venezianer zu ihrer altbewährten Taktik gegriffen hätten, nämlich, „dafs er kain Antwort in der Doana Sachen von der Herrschaft Venedig erlangen muge, sonder ziehe In die Herrschafft von Tag zu Tage auf und wie wol er solches dem kai. Orator klag, so wolle es doch nichts erschiefsen und say sein thun bisheer nichts anders gewesen, dann das er alle morgen vor dem Collegio erschienen und gewart bis sy wider von einander ganngen und umb beschaid gefragt, so sein er allemal auf den andern beschiden worden" [1] [schlechte Konstruktion].

Im August wurde über Kriegsrüstungen der Venezianer an der Tiroler Grenze berichtet. Im Oktober 1540 war Jeremia abermals in Venedig ohne Erfolg[2]; die Städte München, Augsburg und Nürnberg wurden mit dem Versprechen beschieden, man werde sich an den Kaiser wenden, wenn dieser nach Regensburg komme[3]; 1542 wurden zum letzten Male Gesandte in Venedig erwähnt[4]; 1546 ist von einem neuen Zoll auf alle nach Tirol gehenden Waren die Rede[5].

Der Gang der Verhandlungen ist vorzüglich hinsichtlich des Verhaltens Venedigs gegenüber den Kaufleuten lehrreich. Der fast ein Jahrzehnt hindurch gegenüber den Drohungen der Süddeutschen und dem, wenn auch nicht bedeutenden Rückgange des Verkehrs auf der Strafse Brenner—Verona, hartnäckig verteidigten Stellungnahme entsprach die Öffnung eines neuen Konkurrenzweges für den Grofsverkehr: der Strafse Salzburg—Mestre—Venedig. Der Salzburger Erzbischof Leonhard war es, der angefangen hatte, den alten Saumpfad über den Rastatter Tauern gesteigerten Anforderungen entsprechend auszubauen. Seine Nachfolger hatten die Strafse vollendet und hielten sie Sommer und Winter offen[6]. Ganz

---

[1] Buch Tirol 1539 Aug. 2: An die Herren Franziscus von Castlalt, Carl Trapp und Sigmund Thun.

[2] Buch Tirol 1540 Oktober 16.

[3] Buch Tirol 1541 März 17.

[4] Missiven an Hof 1542 Dezember.

[5] Egger IV, S. 161.

[6] Missiven an Hof 1561 April 5. Damit ist der vielgesuchte Zeitpunkt des Aufkommens der Salzburger Strafse festgelegt. Der Saumpfad über den Rastatter Tauern hatte einen gröfseren Verkehr nicht zugelassen. Auch Bozen hatte ja erst durch die Anlage der Fahrstrafse längs des Eisacktales überragende Bedeutung gewonnen. Die Beispiele, die Förderreuther (Die Augsburger Kaufmannschaft in den bayerischen Herzogtümern während der ersten Hälfte des 15. Jahrhunderts) für den Salzburger Handel nach Venedig anführt, beziehen sich mit Ausnahme eines nur auf den Verkehr bis Salzburg. Wenn a. a. O. der blühende Zustand der Stadt Anfang des 14. Jahrhunderts hervorgehoben wird, so ist zu bedenken, dafs Salzburg der Endpunkt jener grofsen, viel umstrittenen Salzstrafse über Rosenheim, München, Friedberg, Augsburg nach Südwestdeutschland war. Vgl. hierzu

offenbar stand diese Neuerung mit dem Vornehmen der Venezianer in Verbindung; am 21. Oktober 1533 wurde nach Wien von Innsbruck aus in Sachen der Dogana zu Verona berichtet, man habe an den Hauptmann von Beutelstein, Christof Herbst, geschrieben um Erkundung der alten und neuen Strafsen durch das Stift, und einer der Innsbrucker Räte sei nach München und Salzburg gesandt, um Grund und Ursache der Neuerung und die Verzollung der Transitgüter „in gueter gehaimnus" in Erfahrung zu bringen. Der König aber möge in Kärnten selbst weitere Erkundigungen einziehen [1].

Eine historische Schilderung gibt ein Schreiben der Innsbrucker vom 5. April 1561:

Der alte rechte Weg nach Venedig war stets der durch Tirol. Dann kam das Unglück, das durch die Portugiesen der Stadt zugefügt wurde. „Nach sollichem haben die Venediger auch ain newerung furgenomen, und zu Bern ain niderlag der Kauffmansgueter aufrichten lassen, so die Doana genannt worden, unnd haben daselbst zu Bern und anderer Ortten in Irem gepiet, do sy es vonnotten geacht, offentlichen beruefft, mandiert unnd darob gehalten, wie dann noch heuttigen tags im wesen ist, Nehmlichen dafs alle Kauffmannswaren, so aus unnd durch dieses Landt der Gr. Tirol auf Mantua, Ferrar unnd andere Ortt, in wellisch Lanndt, durch Ir der Venediger gepiet gefuert werden, Erstlichen an kain annder Ort dan allain daselbst hin geen Bern gestrackfs in die Niderlag, oder gen Venedig gefuert und gebracht, daselbst abgelegt und nochmalen durch Ire Verordnete besichtigt werden sollen .... unnd wo widerumben befunden wurde Zugger, allerley Gewurz und anndere Spezgerei, oder das jemand seine waren und gueter nit gestrackfs an beruerte Niderlagen geen Venedig oder Pern fuerte, das solches Alles Contrabannd und verloren sein." Dadurch sind je länger je mehr die anderen Strafsen „auf Maylanndt zu durch die Punndt unnd Schweiz" — wo Venediger Gebiet nicht berührt wird — „verlassen".

„Was dann die bemelte Strassen durch den Stift Salzburg auf Venedig zue betrifft, dieselb strossen ist von altersheer allain mit Sämrossen, als ain schlechter Sämerweg unnd Huefschlag unnd nit dermassen mit durchfuerung ainer sollchen grofsen anzall gueter wie jetzt gebraucht worden. Dann aber haben die Erzbischöfe von Salzburg den durch wailannd Erzbischoff Leonhartten angefanngen weg über den Rastatter Thauren gar machen, unnd Wintter unnd Sumerzeitten offen

Simonsfeld, Fondaco II, S. 125; L. Hübner, Beschreibung der hochfürstl. erzbischöfl. Residenzstadt Salzburg, 1792, Teil 1, S. 37; Baumann, Geschichte des Lechrains und der Stadt München. Archival. Zeitschrift, Bd. 10; J. Müller, Augsburgs Warenhandel mit Venedig. Archiv für Kulturgeschichte, Bd. I, H. 1, S. 345.

[1] Missiven an Hof.

unnd in gueten wirden erhalten unnd stettig pessern lassen, also das man den yder Zeitt, mer dann in Anfanng gewest, mit Durchfuerung der Gueter aus dem Reich, Bairlanndt und Stift Salzpurg“ nach Venedig hin nicht allein auf Saumrossen braucht. Dies ist aber „aus deren Ursach beschehen, auf das mit der grofsen Umbfart auf Peern und von dannen Erst wider zu Rugg an die ortt und ennde dahin die gueter gehörig sein, ... die kaufmannswaaren und gueter vertheuret .... und dardurch der gewerb und die theuren keuff in der Venedigerlannde, durch sy unnd den Irigen zu guetem, dest ansichtlicher gemacht, unnd erhalten, unnd dargegen die Marckht unnd der Gewerb in diesem Landt dest ehr in erligung unnd abfaal gebracht werden mechten, wie man dann das bishheer mit nachtail und schaden dieser doana halben befunden.“

„Unnd wie wol Eur Kay. Mt. durch sonndere Commissarien, und sonnst, mit allem Ernst bey dem Stifft Salzpurg unnd der Herrschafft Venedig lannge zeitt ernstliche Handlung pflegen lassen“ und keine Mühe gespart hat, „die beruerten Newerungen mit der Doana zu Pern unnd der neugemachten Strassen durch das Stifft Salzpurg über den Rastatter Thauern abzustellen“, ist keine Besserung eingetreten.

Die neue Steigerung an der Tarfis „mag unangesehen der hie vorgeschribnen Staigerung, so von neuem an der Kremsbruggen [1] beschehen solle, nichts weniger im wefsen bleiben“.

Diese neue Zollerhöhung an der Kremsbrücke in Kärnten — durch dies habsburgische Land ging der neue Weg — wurde zwar abgelehnt [2]; sie war aber, wie das Schreiben zugleich andeutet, nicht ohne Vorgängerinnen gewesen. Schon während der Verhandlungen mit Venedig war wiederholt der Gedanke aufgetaucht, „ein Gegenfeuer“ zu machen. 1533 hatten die Innsbrucker dem König den Rat gegeben, an der Tarfis einen Aufschlag auf die in immer wachsendem Mafse die Salzburger Strafse frequentierenden Güter zu legen [3]; zwei Jahre später war eine Zollerhöhung in Flitsch befürwortet worden [4]; wiederum ist 1544 von einer Steigerung auf Waren, die aus Kärnten „auf das Welsch“ gebracht wurden, die Rede [5]; und 1559 und 1560 wurden eingehende Statistiken nach Wien eingesandt [6],

[1] Tarvis liegt im Süden Kärntens an der Strafse von Pontafel, südlich von Villach. Krembsbrücke (Ortsgemeinde) liegt im Norden des Landes, unweit von Spital.

[2] Befelh von Hof 1561 Mai 10.

[3] Missiven an Hof 1533 Dez. 10.

[4] Missiven an Hof 1535 Dez. 14. — Hauptsächlich Venediger Waren gingen auf der Salzburger Strafse. Missiven an Hof 1538 Juni 23.

[5] Missiven an Hof 1544 März 12.

[6] Missiven an Hof 1559 Juni 1; 1560 Aug. 30. Diese Mafsnahmen riefen dringende Petitionen der Augsburger hervor. Von Innsbruck aus wurde ziemlich schroff geantwortet: Der Kaiser bedürfe wegen des Widerstandes gegen die Türken Vergröfserung seiner Einkünfte. Er

um das Projekt von neuem zu begründen. Zweifellos, so machte man geltend, läge es mehr im Interesse des Kaisers, wenn der Warenzug den langen Weg durch Tirol mit seinen zahlreicheren Zollstätten als den über die kurze Strecke in Kärnten einschlüge. Anderseits liege die starke Frequenz auf der Salzburger Strafse begründet in ihren niedrigen Zöllen. Die Entfernungen auf beiden Wegen betrügen nämlich: Venedig—Tirol—Augsburg: 66 Meilen, —Nürnberg: 84 Meilen; Venedig—Salzburg—Augsburg: 85 Meilen, —Nürnberg: 93 Meilen. Trotz des erfolgten Aufschlages an der Krembsbrücke, der sich auf „beschlagen Ganzguet" auf 1 fl. 60 kr., auf gemeine Güter auf 1 fl. bezifferte, sei die Konkurrenzstrafse immer noch billiger. Die Forderung, beide Strafsen „in ain glaichait zu bringen", sei also berechtigt. Das folgende Schreiben in der Korrespondenz war dann das oben wiedergegebene Stück.

Auch ohne die erneute Erhöhung hatte das Vorgehen in Kärnten — 1559 oder 1560 — seine gehörige Wirkung. Die Bozener städtischen Zolleinnahmen stiegen wie in keiner Zeit dieses Jahrhunderts. Es kamen ein:

1559:	698 fl.
1560:	nicht benützbar.
1561:	818 fl.
1562:	917 fl.
1563:	1003 fl.[1]

Im ganzen ein höchst eigenartiges Bild: Venedig, in seinem orientalischen Handel durch die Portugiesen schwer geschädigt, sucht ein Äquivalent in der Beherrschung des aufstrebenden Handels Süddeutschlands mit dem übrigen Italien, der sich ums Jahr 1500, soweit die Lagunenstadt hier die Vermittlung übernommen hatte, eben dieser Vermittlung zu entledigen getrachtet hatte. Das Vorgehen in Verona, der Beherrscherin dieses aufservenetianischen Handels, ist charakterisiert worden. Die Verhandlungen habsburgischerseits mit der Republik hatten keinen Erfolg. Ob auch mit Zollerhöhungen in Verona gerechnet werden mufs, ist zweifelhaft. Der Veroneser Tarif aus dem Jahre 1584 zeigt im Vergleich zu dem Tarife aus der ersten Hälfte des 15. Jahrhunderts neben nicht sehr bedeutenden Änderungen eine allgemeine Erhöhung des Satzes um 30 Prozent[2]. Der Tiroler Handel zog sich in erheblichem Mafse auf die in Venedig mündende Salzburger Strafse, die gleichzeitig mit dem Vorgehen der Venezianer dem Grofsverkehr durch den Wegebau der Salzburger Erzbischöfe geöffnet worden war. Habs-

sei veranlafst, „andere Wege" zu ergreifen, wenn die Kaufleute neue Strafsen einschlügen. (Augsburger Stadtbibliothek: Sammlung Herbstscher Merkantilsachen. 1559.)

[1] Siehe Abschnitt IV, C, a.

[2] Verona, Archivio Communale, siehe den Anhang.

burgischerseits begegnete man den schweren Verlusten des Tiroler Handels durch Ausnutzung der unübertrefflichen Stellung in dem unumgehbaren Kärnten, durch Erhöhung der dortigen Zölle[1].

Die Kaufleute aber trugen den Schaden von dem Streite der Grofsen. So sind die Pläne der Republik gescheitert. Dennoch fehlte es nicht an späteren Ansätzen auf dem einmal beschrittenen Wege. Man war also wiederum auf die allein übriggebliebene Figur in dem Spiele angewiesen, auf Verona. Eine abermalige allgemeine Erhöhung wäre zwecklos gewesen und hätte nur das „Gegenfeuer" in Kärnten hervorgerufen. So unterscheiden sich die Sätze des Veroneser Tarifs von 1590 von denen des Tarifs von 1584 durch Bevorzugung der Waren, die nach Venedig oder Chioggia gingen. Es sind dies: Banda raspada[2], frutte[3], merze di Fiandra und merze Todesche[4],

---

[1] Eine Stellung, die man auch in späteren Zeiten auszunützen verstand: 1619 schlofs Erzherzog Leopold, um die Republik zu brüskieren, Tirol, Steiermark und Kärnten gegen die Ausfuhr von Pferden und Tieren nach Venedig, worauf die Republik erklärte, dafs sie nicht das geringste Hindernis dem Tiroler Kommerz entgegensetze. Siehe H. v. Zwiedeneck-Südenhorst, Die Politik der Republik Venedig während des 30jährigen Krieges, Bd. I, S. 144. — Im 18. Jahrhundert war es dann Österreich, das auf Grund seiner übermächtigen Stellung in Kärnten und Tirol zum Angriff auf die Lagunenstadt überging, die dem österreichischen Seehandel Schwierigkeiten bereitete. Alle nach Venedig gehenden Strafsen sollten gesperrt werden, um den Handel über Triest zu lenken. Das einstige Angriffsmittel wandte sich jetzt zum Verteidigungsmittel: Venedig suchte Graubünden zur Anlage einer neuen Strafse über den Julier zu bewegen (die übrigen Schweizerpasse waren für den Verkehr sehr beschwerlich). Vgl. A. Baer, Archiv für österr. Gesch., Bd. 8, S. 48, 50 u. 168.

[2] Se venira per transito per andar in qual si voglia locho del territorio per intrada la soma 7 L. 10 s. per uscita dopo trenta giorni 7 L. 10 s. —

E se andarà per Venezia o Chioggia unter gleichen Bedingungen 6 L. 10 s. —

[3] E se va per Venezia paga solamente la boletta.

[4] Merze di Fiandra soma una di lire 50 sottile se andaronno per Chiozza ò per Venezia 9 L. — —.

Merze Todesche soma detto però se andaronno per detti lochi L. 6 — —.

Merze di Fiandra se andaronno per qual si voglia locho . . . L. 12 — —.

Merze Todesche di ogni sorte se andaronno per qual si voglia altro locho L. 7 s. 10 —. Delle dette merze Todesche se eccetuano (mit Ausnahme) le bande bianche, gli ruffi e terlisi grossi che doveranno pagar per ogni soma di lire 50 sottile L. 4 s. 10 — pagarano tutte le prenominate merzi per uscita dopo trenta giorni di altro tanto. — Was heifst „Merze"? Ist es in dem Sinne wie in dem von Simonsfeld II, S. 197 erwähnten „Tariffa der hereinkommenden Güter im deutschen Hause" von 1572 gebraucht, nämlich „Merze oder Krämerei"? In Pasis tariffa di pesi e misure etc., Venezia 1557, werden unter „merzi del Fontego" auch Metalle, Tuche usw. verstanden.

Oglio di linosa[1] und panni bisi e grisi de terre aliene[2]. (Glattes Band, Früchte, flandrische und deutsche Waren, Leinöl, graue und dunkle Stoffe aus fremden Ländern.)

Und ein zweites, wohl ebenso wirksames Mittel dieses Kleinkrieges waren die Verdächtigungen Bozens von der Veroneser Gesundheitsbehörde. Wie wir sahen, bestanden zweierlei Formen: Die Bandisierung, d. h. die gänzliche Untersagung des Transithandels und die Contumazie, die Verdächtigung von Orten, deren Zustand man nicht genau in Erfahrung zu bringen vermocht hatte. Sie brachte eine etwa weiwöchige Quarantäne mit sich. Beide Formen sind überaus häufig gegen Bozen angewandt worden[3], und besonders die Contumazie war ein höchst bequemes Mittel, das vor allem dann empfehlenswert war, wenn derartige Mafsnahmen nicht mit klaren Gründen gerechtfertigt werden konnten. Die Tendenz wird auch hier häufig ausgesprochen, so 1613 in einer Supplikation der Kaufleute an die Innsbrucker Regierung[4]. Die Contumazie von seiten der Venediger sei häufig angenommen, um die Italiener vom Bozener Markt abzuhalten, und auch die Beschuldigung ist zweimal belegt, dafs die Venezianer oft genug versucht hätten, wie sie den Bozener Markt auf ihr Territorium verlegen könnten.

Dies Wort fiel im Jahre 1609 in einer Angelegenheit, die auch in Oberdeutschland viel von sich zu sprechen machte.

Schon im Jahre 1188 hatte eine vom Trienter Bischof privilegierte Schiffahrtsgesellschaft bestanden, die auch die Etsch flufsaufwärts befahren liefs, von Mori bis Bozen[5]. Im

---

[1] Brenta una per entrata — s. 4 d. 2. Per uscita del territorio — s. 12 d. 6. E se sara condotto da Venetia per transito per Riviera, Bressa over Bergamo pagara un quattrin del peso.

[2] E se veniranno per esser condotti a Chiozza o Veneszia pagarano per ogni soma di lire 500 sottile L. 6 — —, sonst L. 7 s. 10.

[3] Vgl. Trienter Ratsprotokolle 1576 Febr. 29. Innsbrucker Regierung an den Augsburger Rat 1582 Okt. 4: Die Venediger hielten ohne Grund Bozen für suspekt. Sammlung Herbstscher Merkantilsachen. Augsb. Stadtbibliothek. Am 12. Mai 1583 berichtet Ferd. von Khuepach über eine den Bozener Märkten durch das eifersüchtige Venedig wegen der möglichen Übertragung von Seuchen drohende Gefahr. Statthalterei. Pest. Archiv IX, 163; 1586 Febr. 5. Buch Tirol; 1586 März 29 Missiven an Hof; 1586 April 26 Herbstsche Merkantilsachen; 1592 Dez. 2 Innsbrucker Reg. an Bozener Rat: Trotz Beschwerden auch italienischer Kaufleute hätten die Venezianer den Andreasmarkt bandisiert. Buch Tirol; 1594 Jan. 12 Bandiment gegen London. Buch Tirol; 1599 Okt. 7 Contumazie. Herbstsche Merkantilsachen; 1608 Mai 22 desgl. Herbstsche Merkantilsachen. In Zusammenhang mit der Venezianischen Rigorosität in Verona steht wohl auch der Befehl des Augsburger Rats von 1611, die Strafse nach Verona künftig nicht zu benutzen, sondern durchs val Sugan zu ziehen. Vgl. Archiv für Kulturgeschichte Bd. I, H. 1. S. 333.

[4] Bozener Stadtarchiv. Tiroler Kommerz Kiste 253. Vgl. S. 52, Anm. 3.

[5] Hormayr, Geschichte Tirols II, Nr. 41, und Joh. Müller, Ztschr. für Sozial- und Wirtschaftsgeschichte Bd. III, H. 2 u. 3, S. 378.

16. Jahrhundert wurde der Fluſs in groſsem Umfange wohl nur talwärts benutzt, und zwar geschah der Transport auf Hölzern, die nach Italien verkauft wurden. Viele Schwierigkeiten aber wurden dieser Beförderungsart entgegengesetzt [1] — es mag hier der eigene Bedarf für den Bau der Bergwerke mitgespielt haben — bis schlieſslich die Schiffahrt auf der Etsch zur „Verhütung merer Ungelegenhait“ von Branzoll auſer Landes gänzlich abgestellt wurde [2].

Johann Antoni Rätis — die Handlungsbücher des David Gauger aus Augsburg und des Bartlme Hartpronner nennen den Namen wiederholt, und das Wagnersche und Brunelsche Buch kennen einen Carlo Radis aus Bern — war der Leiter einer alten und sicher einer der bedeutendsten Veroneser Firmen. Der hatte mit den Gutfertigern im Sack bei Roveredo im Namen seiner Mitverwandten einen Vertrag abgeschlossen, wonach diese zu billigerem Transporte der Güter der Veroneser Firma bis Bozen verpflichtet waren [3]. Der Vertrag war gekündigt worden, und dies sei der Grund — so stellten die Gutfertiger dar — der lockenden Anerbietungen des Rätis, gegen das Güterfertigungs- und Schiffahrtsmonopol von Bozen bis Verona 8000 fl. jährlich an die fürstliche Kammer zu zahlen. Die Beförderung sollte, abweichend vom früheren Modus, nicht per Floſs, sondern per Schiff vor sich gehen. Schon im Jahre 1596 hatte die Regierung ein Kanalisierungsprojekt der Etsch und des Eisacks von Bozen bis Branzoll wegen technischer Schwierigkeiten auf Veranlassung des Bozener Magistrats fallen lassen [4]. In diesem neuen Schiffahrtsprojekte griff sie zu: Auf dem Mitfastenmarkte wurde der Beschluſs den Kaufleuten

---

[1] Buch Tirol, 1526 Sept. 12. Nach einem erfolgten Holzausfuhrverbot wird die Ausfuhr von einer bestimmten Anzahl Hölzer doch zugestanden.

[2] Innsbrucker Regierung an den Bozener Rat 1609. Bozener Stadtarchiv: Tiroler Kommerz Kasten 252. Jedenfalls 1605 erfolgte die Abstellung: Den Gutfertigern im Sack bei Roveredo wurde in diesem Jahre eine neue Ordnung verliehen. Ihr Privileg der Beförderung von Kaufmannswaren stammte vom Jahre 1584. Siehe auch G. dal Ri S. 33.

[3] Bozener Stadtarchiv. Tiroler Kommerz Kiste 252:

Gesuch des J. A. Rätis an Erzherzog Maximilian, undatiert. Weitere Belege in der Angelegenheit sind:

Gesuch der Gutfertiger an Erzherzog Maximilian, undatiert. Das Ganze einliegend in einem Schreiben der Regierung an Landrichter, Bürgermeister und Rat, 1609. — Undatiertes Schreiben des Rates an die Kammer.

Augsburger Stadtarchiv: Kommerzien, Tom. II, 1591—1614: zwei Supplikationen der nach Italien handelnden Kaufleute an den Augsburger Rat. — Schreiben Augsburgs an den Erzherzog vom 17. August 1610.

[4] Bozener Stadtarchiv: Rat an die Regierung am 5. Febr. 1596: „Erbauung eines Wassergrabens von Chleisl (Kläusel) undter Bozen gelegen durch die Grüz und Awen hinab bis zur Niederlag oder Lanndtstat gehen Pranzol.“

bekannt gegeben. Ein Sturm der Entrüstung erhob sich, und das Dekret — so scheint es — wurde bald darauf aufgehoben. Die Italiener, die die Angelegenheit am meisten anging, aber waren noch glücklich, als Rekompens für den Ausfall der 8000 fl. mit einer Erhöhung des Eisackzolles davonzukommen, wogegen nun die Augsburger, die auch belastet wurden, kräftigen Protest erhoben. Eine überraschende Beleuchtung aber erfährt die ganze Angelegenheit durch einen undatierten Bericht, den der Bozener Rat nach Innsbruck einsandte. Zur Sache selbst wurde nur das Bedenken geäufsert, dafs die Gutfertiger die Konkurrenz des Rätis nicht ertragen würden; auch sei es auf Märkten und Messen allgemeiner Brauch, der Kaufmannschaft die Beförderung ihrer Güter frei anheimzustellen [1]. — Sie würde Tirol verlassen; die Kammer würde geschädigt; die Häuser in Bozen mit den Gewölben würden im Wert sinken; Zerstörung der Gewerbe werde eintreten; zum Nutzen der Vaterlandsfeinde würde die Mannschaft des Landes sich verringern, und der Weinhandel zerstört werden. Wenn „diesem Menschen" sein Werk gelinge, würde er — „zumal die Welschen der Teutschen Nation mifsgünstig und abhold sein" — Banditen importieren; die Gefahr der Aufruhrstiftung durch ihn werde so eintreten, und die Zeiten des Gaismayr würden zurückkehren. Er werde aus infizierten Orten Personen mitbringen, um durch „ain schröckliche Sucht böser Krankheiten" die Märkte zu verderben. Eine übergrofse Macht den Kaufleuten gegenüber fiele in seine Hände. Aus dem laxeren Venedig könne er widrige Religionen einschleppen. Kontrabandengefahr sei grofs. „Er" werde Aufkäufe betreiben. „Dieser verschlagene und böse Mensch" habe gar erst kürzlich in Branzoll durch Veränderung der Marken an den Kaufmannsgütern schlimmen Betrug verübt.

Aber weiter: Die Bozener Märkte habe er nach Trient bringen wollen und vor zwei Jahren an den Ortspässen (wo?) Hüter und Wächter angestellt und die Kaufleute und ihre Güter lange Quarantänen durchmachen lassen — „Alles zu dem ennde, sein Intent (Bozen darmit zu ruinieren) fortzubringen." Vielleicht habe er auch die Absicht, die Märkte auf italienischen Boden zu verpflanzen, was die Venezianer oft genug versucht hätten.

Das Schreiben ist allzusehr von uneigennützigstem Patriotismus diktiert, um es in allen Teilen für ernst zu nehmen. Wenn aber auch die italienischen Kaufleute den fürstlichen Kommissaren gegenüber förmlich wetteiferten in Rekompensanerbietungen, so erhält der letzte Passus im Schreiben gröfsere Bedeutung.

---

[1] Ein Widerspruch liegt hier vor: Im Schreiben des Rätis handelte es sich um die Schiffahrt bis Verona und die Güterabfertigung.

Zehn Jahre vorher noch war von allen Seiten über das überhandnehmende Banditenwesen in Tirol geklagt worden[1]. Der groteske Coup des Rätis aber würde den Vogel abgeschossen haben. Wie es sich mit all diesen Angaben der Bozener verhalten mag; wenn Venedig auch hier mit im Spiele gewesen ist, künftig haben diese Intrigen im grofsen aufgehört[2]. Die Republik hatte gegenüber der mittelalterlichen Zeit ihr „fünftes Element" verlassen, und sie hatte verloren. Erhaltung des Bestehenden, in der Vorzeit sauer erkämpften war jetzt, wie in den Werken des Friedens, in Wissenschaft und Kunst, so auch auf handelspolitischem Gebiete ihre Devise geworden.

Und auch für die handelspolitische Stellung der Bozener Märkte jener Zeit wird es nun nötig sein, ein gewisses abschliefsendes Bild zu entwerfen. Hier mögen die Akten selbst sprechen:

Im Jahre 1613[3] war wieder einmal eine Zollerhöhung am Lueg geplant. Dazu wurde gefordert, dafs an den bedeutendsten Zollstätten von geschworenen Wagemeistern unterschriebene Wage- und Ladezettel mit eingehender Angabe des Gewichtes und der Qualität der Güter vorgewiesen werden sollten[4]. Auf Güter, die in Bozen nicht eingepackt, sondern nur zu Marktzeiten durchgeführt wurden, sollte dieser Zwang nicht ausgedehnt werden.

---

[1] Augsburger Stadtarchiv, Kommerzien, Tom. II, 1591—1614: 1595 Verhandlungen mit dem Trienter Bischof wegen Banditenwesen; Kaufleute an den Augsburger Rat — 1596 Nov. 28 — berichten von erneuten Fällen. 1587 in den „jämmerlichen Versen aus den Confinen" an den Erzherzog heifst es:

Però con gionte mano
Preghiamo Vostra Altezza
Che vogli con prestezza
Mandar su li Confini un Capitano.

G. dal Ri S. 530 (aus Hirn, Erzherzog Ferdinand II.).

[2] 1625 wird noch von einer Klage berichtet, dafs Venedig durch seine Praktiken den Bozener Markt verderben wolle. W. Silberschmidt, Die Entstehung des deutschen Handelsgerichtes, S. 101.

[3] Bozener Stadtarchiv, Tiroler Kommerz Kiste 253. Weitere Akten in der Angelegenheit: Schreiben der Kammer an den Rat: 1613 Sept. 3 ebenda. Begleitschreiben des Rates für die Supplikation der Kaufleute nach Innsbruck 1613 Sept. 15 ebenda. Schreiben der „von baidn fürstl. Stifftern Trienndt unnd Brüxen auch allen vier Stennden ainer Ers. tyrolischen Lanndschafft verordennte Steuercompromissari" von 1613 Sept. 17 ebenda.

Augsburger Stadtarchiv, Kommerzien, Tom. II, 1591—1614. 1613 Nov. 7, Kaufleute an den Rat.

[4] Eine alte Forderung: Schon 1507 hatte der Amtsverwalter von Bozen nach Innsbruck berichtet, er wolle Egidi verkünden lassen, wenn die Kaufleute verzollbare Waren an die beiden Zollstangen und an die Talfer schickten, so sollten sie auf Zahlzetteln anzeigen, „was zoll per halb- und gantzguet kramerey und anders sey". Statthaltereiarchiv M. XIII, 360.

Diese Pläne wurden auf dringende Bitte der Landschaft nicht ausgeführt. Wichtig sind die Erklärungen, zu denen die Kaufleute bei dieser Gelegenheit Anlafs nahmen.

Auf einen scharfen Protest gegen die so kurzsichtige Auffassung der Zölle als Finanzschrauben ist der Grundton dieses Schreibens gestimmt, und als abschreckende Beispiele werden vor allem der Salzburger Erzbischof und Augsburg, Venedig, Genua, Mailand und Florenz aufgeführt. Im Erzbistum hatte der Handel nicht wieder den früheren Aufschwung nehmen können. Barthleme Viätis[1] und Martin Peller aus Nürnberg hätten Augsburg einfach umgangen. Die Mafsnahmen der italienischen Städte aber waren von dem Erfolg begleitet, dafs der Handel mit Neapel, Sizilien und den Marken jene Orte mied und den Bozener Märkten sich zuwandte. Aber auch Bozen — so wurde weiter argumentiert — sei nicht unangreifbar. Bekannt seien die Kontumazierungen und die früheren Pläne der Republik, die Märkte auf ihr Territorium zu bringen. Ferner: Die Seidenhandlung sei schon jetzt in Abnahme. Von Neapel, Pisa, Lucca und Bologna nach Deutschland, Polen, Österreich und den Niederlanden ginge diese Warengattung ebensogut über Augsburg, Nürnberg, Frankfurt und Leipzig wie über die Bozener Märkte.

Über Salzburg kämen die Venediger Wollenballen mit geringeren Kosten und in kürzerer Zeit[2] nach Augsburg. Vollends die niederländischen Waren, die nach Mailand, nach der Lombardei, Toscana und Romagna über den Brenner gingen, könnten beide Konkurrenzwege nehmen. Was das Abwägen der in Bozen ausgepackten Waren betraf, wurde geantwortet, man könne nicht Tage und Wochen damit verbringen, wo es auf Stunden ankomme, zumal für die, die weiter nach den Lienzer, Frankfurter und Leipziger Messen handelten.

Ein buntes Bild von internationalen Beziehungen wird hier entrollt. Der Wunsch, den im Jahre 1599 Erzherzog Maximilian noch dem Augsburger Rate angedeutet hatte[3], der Transit der Luccheser, Florentiner, Neapeler, Pisaner und Bologneser Waren durch Tirol, scheint hier erreicht zu sein.

Bozen hat diese Stellung bis in den Anfang des 18. Jahrhunderts hinein bewahrt[4].

[1] Dieselbe Firma ist bei anderer Gelegenheit schon im Jahre 1583 belegt. W. Silberschmidt, Entstehung des deutschen Handelsgerichts, S. 100.

[2] Kam hier die Veroneser Niederlage in Betracht?

[3] Augsburger Stadtbibliothek. Sammlung Herbstscher Merkantilsachen 1599 Oktober 7. Vgl. auch die Bozener Zollzahlen nächster Abschnitt.

[4] Mayer, Anfänge des Handels und der Industrie, S. 8 f. Eine Konkurrenz erwuchs Bozen durch die Errichtung der Seehäfen in Triest und Fiume und durch die Errichtung des Marktes von Chiavenna.

Vierter Abschnitt.

Bozener Zollsachen.

Drei Strafsen, so sahen wir, trafen in Bozen zusammen. Für jede war ein Zoll errichtet. Für die Strafse von Trient-Italien, die über den Eisack führte, der Eisackzoll; für die Meraner Strafse über die Talfer der Talferzoll; für die Brenner Strafse der im Nordosten der Stadt befindliche Zoll „an der Zollstange" [1]. Die an den betreffenden Orten postierten Zöllner hatten mit ihren Gegenschreibern einzunehmen

1. den landesfürstlichen,
2. den städtischen,
3. den Botschenzoll.

Der Botschenzoll, der schon 1342 erwähnt wird [2], bestand in einem sehr eingehenden Viehzolle. Aufserdem fielen für jeden geladenen Wagen 8, für jeden Karren 4, fürs Saumrofs 2 Fierer [3].

---

[1] Sicher stand die Zollstange in der Gegend, die auch heute noch den Namen Zollstange trägt. Auch der Rittenweg mündete dort. S. die kartographische Skizze bei Oskar Wanka Edler von Rodlow, Die Brennerstrafse, S. 126. — Zu St. Peter im Dorf am Wege vom Ritten vor der Zollstange wurden 1630 Wächter angestellt. Bozener Ratsprotokolle, August 28.

[2] Sammler für Geschichte und Statistik Tirols, IV, S. 63.

[3] 1 Mark = 2 Gulden = 10 ℔ Berner = 120 Kreuzer = 600 Fierer = 2400 Berner.

Auch die beiden anderen Zölle waren sehr alt; der landesfürstliche Zoll wird in den Urkunden des 13. Jahrhunderts wiederholt erwähnt. 1256 wird auch ein „kleiner Zoll" zu Bozen genannt; von einem Pferde sollte ein schwäbischer Pfennig genommen werden. Er war damals in den Händen Heinrichs des Schreibers [1]. Vielleicht ist in diesem Zolle der spätere städtische zu erblicken.

Beide Zölle sind in einer langen Reihe von Auflagen aus dem 16. und 17. Jahrhundert — gröfstenteils undatiert — erhalten. Vorzüglich zwei — eine vom Jahre 1507 [2], eine andere vom Jahre 1558 [3] — sind für vorliegende Untersuchung zu betrachten. Der Tarif von 1507 mag hier gleich seine Stelle haben.

(Hierher Tabelle a) S. 58.)

Der Stadtzoll war im Unterschied von dem landesfürstlichen auf alle Güter gelegt. Der fürstliche galt nicht für Grobwaren (Eisenwerk, Schmalz, Unschlitt usw.), wie aus einer Angabe des nach Innsbruck hin berichtenden Zöllners (1507) und einem Vergleich der Tarife, die beide, landesfürstliche und städtische, Zollsätze anführen, ersichtlich ist. Getreide passierte frei.

Die drei städtischen Zölle waren wesentlich gleich, wie dies aus den Sätzen der Ordnung von 1558 für die drei Zölle hervorgeht. Der landesfürstliche Zoll wurde bei der Aufzeichnung damals nicht berücksichtigt. Aber auch er war für die drei Zollstätten — sicher zwei, Eisack und Talfer — gleich, wie ein Vergleich des Talfertarifes [3], der der Schrift nach aus dem Ende des 16. Jahrhunderts stammt, mit dem Eisacktarif von 1507 erweist. Diesem Tarife, der auf Veranlassung der Innsbrucker Regierung hergestellt wurde, war vom Bozener Zöllner eine Schilderung der Zollorganisation beigefügt, die schon besprochen ist. Kompliziert war auch die Erhebung des Zolles, die nur zum Teil vonseiten des Zöllners an der Brücke erfolgte. Es wurde hier ein Unterschied zwischen Transit- und in Bozen niedergelegten Waren gemacht. Beifolgende Tabelle b) gibt hierüber Auskunft. Die Waren sind in nachfolgenden fünf Gattungen unterschieden:

---

[1] Tiroler Archiv I, S. 342.

[2] Innsbrucker Statthaltereiarchiv.

[3] Bozener Stadtarchiv, Tiroler Kommerz, Kasten 252. Aufserdem befindet sich dort noch eine sehr eingehende Eisackordnung, vor 1529 abgefafst (Kupferfässer der Hochstätter werden erwähnt). Hochstätter fallierte 1529. Schulte I, S. 670); eine sehr eingehende Talferordnung — beide auch mit landesfürstlichen Sätzen; eine Ordnung für alle drei Zölle, eine Eisackordnung von 1618 (in den Ratsprotokollen), eine Zollstangenordnung wohl aus derselben Zeit; schliefslich eine datierte Ordnung von 1675 — die letzten alle nur mit städtischen Zollsätzen.

Waren-gattung	Waren	verzollbare Quantität	Zoll
	a) Landesfürstlicher Zolltarif.		
Ganz gut	Kupfer, Zinn, Glockenspeise, Messing,	Roſssaum (3 Zentner)	8 kr.
	gewirkte und ungewirkte Seide, wollenes u. Leinentuch, „gute oder bös"; Garn, gegärbtes u. ungegärbtes Leder, „Arch", Zwillich, Wolle, Felle, Wachs, Saffran, Roſshare u. Lörget	1 Zentner	3 kr.
		—	—
	Wollen- oder Leinentuch	1 Stück	1 kr.
	obige Güter per Transit (auf Wagen)	im Amtshause verzollt	—
Halb gut	Häute: 1 Ochsenhaut: 4 Fierer, 1 Roſshaut: 4 Fierer, 1 Kuhhaut: 3 Fierer, 1 Paar Kalbsfelle: 1 Fierer (an den Zöllner)	s. Waren	s. Waren
	Wein: „Teritschwein"	Saum	1 kr.
	wälscher Wein	Saum	2 kr.
	1 Weinurne, die im Bozener Gericht bleibt: 1 kr. . . .	—	s. Waren
	Salz	Saum	1 kr.
	Honig und Öl	je ein Saum	4 kr.
	Papier	Saum	7 kr.
	Spezerei: Pfeffer, Ingwer, Nägelein, Zucker, Seife	Saum	6 kr.[1]
Krämerei u. Fastenspeise	Fastenspeise: Feigen, Mandeln, „Weinperl", Zibeben, Reis	Saum a) i. Bozen feilgehalten	a) 4 kr.[2]
		Saum b) per Transit	b) 6 kr.[2]
	Krämerei: „Roet ist ain Farb", Fischbein, Bleiweis, Weinstein, Vitriol, Branntwein, „Galsen", Senf, gesotten Wein	1 Roſssaum	4 kr.
Fische	Fische: lebende	Saum	3 kr.
	tote: 1 Saum Hausen, 1 Tonne Hering	Saum und Tonne	6 kr.
	1 Stück Stockfisch	1 Stück	9 kr.
Sonstiges	Gläser „Hämmerlin", Pomeranzen und andere Krämerei	—	—
	Nicht verzollbar: Getreide, Essig, „Sinter", Kessel und Pfannen, Leimleder und Hausrat	—	—
	b) Städtischer Tarif.		
	Trocken gut	Saum	1 kr.
	Wein	2 Saum	1 kr.
	Salz	2 Saum	1 kr.
	Schmalz, Dose Käse, Unschlitt, Schmer, Kaslupen, Schuhe, Hare, Hanf, „Kyttl", Hosen, Eisen, Nägel, Lorber, Senegarn", Blei, Federn und Decken	Saum	2 kr.
	„Pigl" (Pech): a) Wenn es Wälsche führen	Saum	a) 2 kr.
	b) Wenn es Deutsche führen	Saum	b) 1 kr.
	Tuch: Golschen, Leinewand usw. .	Saum	1 kr.
	Wein (Transit)	1 Urne	1 Fierer
	Sensen	100 Stück	2 kr.
	Öl	„Azat" (?)	1 kr.
	Loden und Tuch	Saum	1 kr.
	Gewirktes Leder und Roſshaare . .	Saum	1 kr.
	Fisch	Saum	1 kr.
	Papier	Saum	1 kr.
	Kupfer	Saum	1 kr.
	Heringe	Tonne	2 kr.

[1] „wird dem Amtmann geben". [2] an den Amtmann.

Tabelle b.

	Zoll vom Zöllner erhoben	Zoll vom Amtmann erhoben	Warengattungen
in Bozen niedergelegt	Fische, ausgenommen Hausen	von Fischen Hausen	Fische
	Krämerei	—	Krämerei
	—	Fastenspeise, als „Erung“ des Amtmanns	Fastenspeise
	halb gut, auch der Venediger	—	halb gut
	ganz gut, ausgenommen Kupfer der Deutschen	Kupfer der Deutschen	ganz gut
Transitwaren	Fische, ausgenommen Hausen	von Fischen Hausen	Fische
	Krämerei	—	Krämerei
	Fastenspeise	—	Fastenspeise
	halb gut, ausgenommen der Venediger	halb gut der Venediger	halb gut
	—	ganz gut	ganz gut

Da die Transitsätze für Fastenspeise, wie schon früher erwähnt, 2 kr. höher waren als die Sätze für dieselbe in Bozen zum Verkauf ausgelegte Warengattung, liegt der Gedanke nahe, dafs das durchgehende Ganzgut z. B., das völlig im Amtshause verzollt wurde, einer ähnlichen Zollsteigerung unterlag.

Wenigstens für das Kupfer der Deutschen, das im Amtshause in jedem Falle verzollt werden mufste, scheint ein exorbitanter Transitaufschlag stattgefunden zu haben.

Diese handelspolitische Aktion der Tiroler aber würde aus der Lage der Dinge in jener Zeit ihre vollste Rechtfertigung und Erklärung finden. Die Regierung Erzherzog Siegmunds hatte eine ungeahnte Ertragsteigerung der Tiroler Bergwerke erlebt; ein Aufschwung, der auf den Spekulationstrieb der grofsen süddeutschen Handelshäuser unwiderstehliche und nachhaltige Anziehungskraft in der Folgezeit ausgeübt hat. Jetzt vor allem hatte der strebende Unternehmungsgeist der Fugger eingesetzt, und speziell das Kupfer war es gewesen, an dessen Gewinnung dieses Geschlecht Kapital und Kraft setzte, dem es seine unvergleichlichen Reichtümer verdankte. Bekannt sind die hochinteressanten Spekulationen[1], die die Fugger, Herwart und Gossembrot zu jenem berühmten Syndikate zusammenschlossen, wonach die ersteren beauftragt

[1] R. Ehrenberg, Zeitalter der Fugger I, S. 396.

waren, bestimmte Quantitäten Kupfer von bestimmter Qualität in Venedig abzusetzen; weder dort noch in Bozen sollte aufserdem Kupfer zum Verkaufe gebracht werden. Dieses in grofser Menge nach Venedig gehende Tiroler Produkt pflegte nämlich über Bozen seinen Weg zu nehmen [1], wie überhaupt der Kupferhandel gerade in dieser Stadt das 16. Jahrhundert und früher einen Hauptsitz hatte.

Diese Vorgänge in der Handelswelt spielten sich neun Jahre vor unserem Zeitpunkte (1507) ab. Auch im Jahre 1507 war die Quantität des durch Bozen durchgeführten Kupfers so bedeutend, dafs sich wohl in der dem Zolltarife beigelegten Raitung des Amtmannes eine Extraberechnung verlohnte. Von den nach obiger Tabelle im Amthause eingekommenen 1520 Mk. 7 ℔ 8 kr., die vom 1. Januar bis 15. Oktober rechneten, betrug der Kupferzoll von 420 Fafs à 25 Zentner (1 Wiener Zentner = 113,3 ℔ heutiges Gewicht; 420 Fafs à 25 Zentner = 11 896,5 Zentner heutiges Gewicht = Inhalt von 119 Eisenbahnwaggons geringster Tragfähigkeit) „je von ainem Fafs ain und aus" allein 312 Mk. 3 ℔ 4 kr. Dazu waren die Zettel von einer Reihe von Kaufleuten noch nicht abgerechnet, und die darin enthaltene Schuld betrug unter Subtraktion des in beiden Fällen „auf ein Königliches Geschäft" nachgelassenen Drittel des Zolls für 377 Fässer à 24 Zentner ca. 600 fl. rheinisch = 300 Mk. Der Zoll selbst belief sich für die 25 resp. 24 Zentner auf 16 ℔ Berner. Unter Anrechnung des abgelassenen Drittels nun würden 420 Fafs nicht 312 Mk., sondern 448 Mk. ergeben. Die Summen in der zweiten Angabe aber stimmen: 377 Fafs à 16 ℔ Berner Zoll ergeben 1206 fl. 2 ℔; minus nachgelassenes Drittel: 804 fl. 1 ℔ 4 kr.; minus 204 fl. 1 ℔ 4 kr., weil die Fässer häufig geringer seien und die Kaufleute ungenaue Angaben machen, ergibt: 600 fl. Ob die Ungenauigkeit der Angaben auch bei der ersten Berechnung stillschweigend berücksichtigt war — wie dem auch sei, man wird die Angabe, dafs sich der Kupferzoll pro 25 Zentner auf 16 ℔ Berner belaufen habe, wohl nicht als unzuverlässig bezeichnen können. Ein solcher Zollsatz bedeutete 6,4 oder, unter Anrechnung des nachgelassenen Drittels, 4,27 kr. gegenüber den 2,7 kr., die sich aus dem Zolltarife selbst (ein Rofssaum à 3 Zentner bezahlt 8 kr.) für das nicht von Deutschen geführte Kupfer ergaben. Und unter welchen Umständen erfolgte diese Erhöhung! Die zweite Angabe über den Kupferzoll führt „etliche Kaufleutzettel", die noch zu bezahlen seien, an. Die ganzen zuerst genannten 312 Mk. aber wurden durch Hans Stockhamer aus München anstatt der

---

[1] S. Anm. oben.

Baumgartner Gesellschaft[1] und Gilig Hofers Erben bezahlt. Liegen auch hier Monopolbildungen vor, die — vielleicht durch unverhältnismäfsig hohe Belastung getroffen werden sollten?

Eine Frage, die schon hier aufstöfst, und die, bevor die Angaben des landesfürstlichen und städtischen Tarifes von 1507, des städtischen allein von 1558 nutzbar gemacht werden können, erledigt werden mufs, ist anzufügen, nämlich, ob und inwieweit vielleicht eine doppelte Erhebung der Zölle bei der Ausfahrt und Einfahrt in Betracht kam, ob also z. B. die über Bozen von Meran her nach Italien weitergehenden Waren sowohl an der Talfer, als am Eisack verzollt wurden. Die Ordnung von 1558 gibt hierüber allein Auskunft. Hier finden sich überall jene Angaben, die eine Befreiung vom Zoll aussprechen, wenn Politen z. B. an der Zollstange vom Eisack oder am Eisack von der Zollstange vorgewiesen werden konnten. Das Prinzip ist also ein ganz anderes wie das z. B. dem Augsburger Zolltarif von 1276[2] und seinen Nachfolgern zu Grunde liegende. Freilich hier wie dort drei Punkte, über die der Warenzug die Stadt erreicht: das Sträfinger Tor, die Wertach- und die Lechbrücke. Aber die Zollsätze gelten, zum Teil modifiziert, für Einfuhr und Ausfuhr und zeigen so eine feine Berechnung und Anpassung an die stadtwirtschaftliche Stellung Augsburgs, die schon zu jener Zeit (1276) ein höchst individuelles Bild besafs.

Aber — das für Bozen aufgestellte Prinzip scheint nicht lückenlos zu sein. Nicht erwähnt wurde die Befreiung durch Politen in folgenden Positionen:

Zollstange: Blei, Eisen, Ziger Mefsen (Dose Messing).

Eisack: Wein, Häring, Öl, Honig, Seife, Papier und Fastenspeise.

Talfer: Ganz gut, halb gut und Krämerei.

Liegt hier eine Nachlässigkeit der Schreiber — der Zöllner — vor? Zum mindesten wird sich gleich hier das sagen lassen, dafs, wenn obige, mit einem argumentum ex silentio gefolgerten Auslassungen wirklich erfolgt wären, sie an praktischer Ungereimtheit nichts zu wünschen übrig gelassen hätten. So stellen sich wiederholte Erhebungen an der Talferbrücke als gänzlich unbegründete Belastung eines grofsen Teiles der Durchgangswaren für den Weg nach Meran dar. Auch wissen die übrigen Zollordnungen nichts von Ausnahmebestimmungen.

Und wenn nun —; es existieren für unsere Periode Einkommensziffern der städtischen Zölle. Gesetzt, der Bozener

---

[1] Vgl. Ehrenberg I, S. 192: Die Baumgartner waren frühzeitig beim Tiroler Kupferbergbau beteiligt. — Sie partizipierten ja auch an jenem berühmten Syndikate. Vgl. auch J. Strieder, Zur Genesis, S. 53.

[2] Christian Meyers Stadtbuch von Augsburg.

städtische Tarif würde weniger differenziert sein, als es nach dem Tarif von 1507 den Anschein hat, wie es den Anschein hat besonders nach dem weiter unten abgedruckten von 1558; gesetzt, er würde sich als ein sehr einfacher Quantitätszoll herausstellen, so würden diese städtischen Einkommensziffern an der Talfer eine besondere Höhe anzeigen müssen, zumal, wenn auf die Ganz-, Halbgüter und Kramwaren der gröſste Prozentsatz der Durchgangsgüter überhaupt fallen würde.

Untersuchen wir auf diese Fragen hin die Tarife zunächst, dann die städtischen Zollraitungen.

Tabelle c.

Städtischer Tarif 1558

Waren	Talfer	Eisack	Zollstange	Zoll
Wein	Urne	Urne [a]	Urne	1 fr.
Wein	Wagen	—	—	2 kr.
Wein	2 Saum	2 Saum	[1 Saum]	1 kr. [Zollstange: 3 fr.]
Ganzes Gut . . Halbes Gut [b] . . Krämerei . . .	Wagen oder Roſssaum	Desgl.	Desgl.	1 kr.
Salz	Fuder	Fuder	Fuder	1 kr. [1] u. 3 fr. [c 2]
Salz	—	1 Faſs	1 Faſs	2 kr. 2 fr.
Salz	2 Saum	2 Saum	2 Saum	1 kr. 1 fr.
Stockfisch . . .	Sturz- oder Blechvässel	—	—	1 kr.
Häring oder Lax	1 Stück	—	1 Ballen	1 kr.
„Barter“ Fisch [d]	Tonne	Tonne	Tonne	2 kr.
Gesalzener Fisch	Saum	Saum	Saum	1 kr.
Lebendiger Fisch	Saum	Saum	Saum	1 kr.
Toter Fisch . .	—	Saum	—	2 oder $2^1/_2$ fr.
Lor-Öl	Saum	Saum	Saum	1 kr.
Öl	Mut	Faſs [e]	Mut	1 kr.

[1] Talfer

Eisack:
- [a] „die durchaus geet“. Weine, die in Bozen verkauft werden, zahlen ebenfalls 1 fr.
- [b] halbes Gut: Eisack ausgelassen.
- [c] Eisack.
- [d] Eisack: Toter Fisch.
- [e] es sei groſs oder klein.

[2] Zollstange.

Die ganze Gattung, die nach dem Tarif von 1507 2 kr. zahlte, also Schmalz, Käse usw., wurde ausgelassen.

Zunächst die Abweichungen vom Tarif von 1507 (s. Tabelle a) und die Abweichungen der drei Zölle untereinander — 1558 — sind nicht erheblich. Saum ist fast die durchgängige Quantitätsbezeichnung[1]. Bezüglich der Bezeichnungen Wagen, Sturz- oder Blechfäſschen, Ballen und Tonne hat man sich an die Angaben Stiedas[2] zu halten, der gleiche und ähnliche Ausdrücke anführt, die keine bestimmte Einheit bilden, und man wird diese Bezeichnungen übersehen können, zumal die meisten mit diesen Bezeichnungen verbundenen Waren auch zu Saum in Relation gesetzt werden. So: Wein, Salz und Fisch. Für Öl galt 1507 eine Azat (?), 1558 eine Mut, die nach Meder = 96 ℔ Wiener war[3]. 100 Seges (Sensen) 1507 waren dann 1558 wieder auf Saum reduziert. So würden sich nach dem Tarif von 1507 die Verhältnisse so gestaltet haben, daſs mehr als 1 kr. pro Saum gezahlt wurde von den Grobwaren, nämlich 2 kr. und vom Öl etwa 4 kr.; weniger aber von Wein und Salz, den Landesprodukten, nämlich: ½ kr. Geringe Unterschiede hiervon bei Wein und Salz ergibt die Ordnung von 1558. Die städtischen Zollsätze galten für Wagen- und Roſssaum (à 4 und à 3 Wiener Zentner). Auf diese Unregelmäſsigkeit kommen wir später zurück. Wichtiger für unsere Frage ist die Betonung, daſs das so verzollte „Trukchengut“ oder das Ganzgut, Halbgut und die Krämerei, wie es in den Tarifen von 1507 und 1558 genannt wird, im Tarif von 1507 schon äuſserlich einen mindestens ebenso groſsen Raum einnimmt wie die gesamten anderen angeführten Güter. Wie gestaltete sich nun das Verhältnis der Durchgangsfrequenz dieser drei Warenabteilungen?

Wie bemerkt, geben die Rechnungsbücher der Stadt Bozen ein sehr genaues Verzeichnis des in jedem Jahre einlaufenden Zolles. Die Zollrechnung von 1509 erwähnt eine „Besserung

---

[1] Es gab sog. Roſssäume und Wagensäume mit 3 resp. 4 Wiener Zentnern. 100 Wiener Zentner hatten 120 ℔ Augsburger (Lorennz Meder S. 64), jedoch scheint Meder auch hier in seinen Angaben ungenau zu sein, wenn er a. a. O. (S. 92) 100 ℔ Wiener = 118 ℔. Venediger Groſsgewicht = 115 oder 114½ Augsburger setzt. — 100 ℔ Venediger Groſsgewicht waren = 158 ℔ Kleingewicht (Meder S. 78); 3 Wiener Zentner waren etwa 170 heutige Kilo. Luschin S. 859.

[2] W. Stieda, Deutsch-venetianische Handelsbeziehungen, S. 114. 1618 wurden allerdings in der besprochenen Rodordnung Ballen und Legel = ca. 3 „Stück“ = 2 Roſssaum = 6 Wiener Zentner gesetzt. Bozener Stadtarchiv. Tiroler Kommerz, Kasten 253.

[3] L. Meder S. 64 (über Augsburger Gewicht ausgerechnet). Nach W. Rottleuthner, Über Maſs und Gewicht in Tirol (Zeitschrift des Ferdinandeums, 3. Folge, Heft 44, S. 14) war eine Mut = 1½ Star; 1 Star = ⅙ Saum; der Star hatte bis 1526 31.7 l; später 30.57 l Inhalt (Rottleuthner S. 6). Eine Urne = Yhre hatte 78.41 l; ein Fuder 8 Yhren (Rottleuthner, S. 5). Eine Umrechnung dieser Maſse in Saum würde den Sätzen, die 1558 für Wein und Salz angegeben waren, nicht widersprechen.

am Eisack", die auch in einem Tarife von 1618 in den Ratsprotokollen bestätigt wird: „Trukchen Gut von und nach Italien" hätte vermöge Steuerbewilligung am Eisack pro Saum 2 kr. zu geben. Wenigstens hier kann diese Tarifangabe durch eine viel genauer gefafste in den Ratsprotokollen[1] selbst ad absurdum geführt werden: die Regierung hätte sich dahin „Resoluiert, das wolgemeltem ainem Ersamen Rat anstat begerter 2 fr (wohl allgemeine Zollerhöhung) darfir von jedem Säm guet zu drei Cennten gerait, so allain für die Zolstange (und Talfer) khombt, wann der selb wider für den Eisackhzoll und nach Ittälia geet, zu dem vorigen 1 kr. alls gewondlichen Zol[2] noch ain und alls hinfieran 2 kr. weglon einzuziehen zugelassen sein solle".

Nur das nach Italien gehende Gut wird also extra besteuert. Ferner eine Bestätigung der oben statuierten Erhebungsart: Früher wurden die nach Italien gehenden Trukchengüter nur an der Zollstange und Talfer verzollt[3].

Die zweite Änderung des Bozener Stadtzolles ist ungefähr in das Jahr 1625 zu setzen. Nach den Ratsprotokollen handelte es sich um eine Erhöhung des dritten Teils des bisherigen Weglohns[4]. Dafs diese Erhöhung stattfand[5], zeigt eine undatierte Eisackordnung, die für den Rofssaum „trukchen und allerlai Guet für drei Cennten gerechnet" 3 kr., für den Wagensaum 4 kr. statuiert, und — damit kommen wir schliefslich zu unserem anzutretenden Beweise: die Bozener Zollrechnungen.

Da das an der Zollstange und Talfer verzollte, nach Italien gehende Gut die neuerliche Zollsteigerung von 1609 am Eisack bezahlen mufste, so ist die durchschnittliche Erhöhung der dortigen Einnahmen zu ermitteln und mit den Einnahmen der beiden übrigen Zölle in Relation zu setzen.

Die Einnahmen am Eisack waren in den Jahren:

1606:	522 fl.	1610:	901 fl.
1607:	624 fl.	1611:	845 fl.
1608[6]:	591 fl.	1612:	837 fl.
	1737 fl.		2583 fl.

[1] 1609 Mai 22.

[2] Der eingezogen wurde, sobald die Säume die Talfer und Zollstange passierten.

[3] S. auch Missive an Hof 1544 März 13: Zollbetrug in Bozen. Durch den Kuntersweg und die Zollstange ist das Gut durchgegangen als Krämerei. Darauf hat sich der Eisackzöllner „der Wagnus understanden", die Wagen öffnen zu lassen, trotzdem schon gezahlt war.

[4] Ratsprotokolle 1624 Jan. 21 u. 1625 November 4.

[5] Eine endgültige Bewilligung liegt nicht vor, wie es überhaupt in der Natur der Protokolle liegt, dafs weniger Facta als die im Werden begriffenen, der Beratung bedürftigen Dinge berührt werden.

[6] 1609 zum Teil nach dem alten, zum Teil nach dem neuen Tarife erhoben.

Die Differenz beider Summen gibt die Erhöhung der Einnahmen der Periode 1610—1612 im Vergleich zur Periode 1606—1608: 846 fl. Die durchschnittlichen Einnahmen an der Talfer und der Zollstange für eine dreijährige Periode innerhalb der Jahre 1606—1612 (1609 exklusive) würden sich auf 1230 fl. belaufen [1]. Rechnet man hiervon die 846 fl. Einnahmesteigerung am Eisack ab, so bleiben für Nicht-Trockengut 384 fl. Zolleinnahmen als Durchschnitt für eine dreijährige Periode innerhalb der Jahre 1606—1612.

Nicht ganz so gut liegen die Vergleichshandhaben für die zweite Verbesserung. Die städtischen Rechnungsbücher 1617 bis 1618 und 1623—1625 fehlen, und der Krieg machte sich zum mindesten 1620 und 1621 in den Zahlen recht bemerkbar. Die am wenigsten schwankenden Zahlen für den Eisack, die also mit denen von 1606—1608 verglichen werden können, sind die von 1626—1628:

1626:	1 723 fl.
1627:	1 545 fl.
1628:	1 726 fl.
	4 994 fl.

Diese unverhältnismäſsige Erhöhung ist so zu erklären: wie der undatierte Eisacktarif angab, handelte es sich nicht um Erhöhung von 1/3 des bisherigen Satzes, sondern um Erhöhung von 1 auf 3 kr. Nur für die beiden anderen Zölle war der Ausdruck: Erhöhung um 1/3 berechtigt, weil sie ja schon 1609 den 2 kr.-Satz hatten. Zolltarife für sie liegen nicht vor. — Die Einnahmen aber waren 1626 gröſser als in den Vorjahren (s. Tabelle d). — Dazu kam: schon in dem Zolltarif von 1618 fanden sich — wenn auch geringe — Abweichungen vom Tarife von 1558 für die Nicht-Trockengüter. In dem Eisacktarif, der den 3 kr.-Satz angab, aber waren diese Abweichungen sehr erheblich: für Wein und Salz 1 kr. gegenüber dem früheren 1/2 kr. Vollends die Grobgüter waren gänzlich verschwunden und jedenfalls unter das Trockengut mit einbezogen.

Kehren wir zu unserem Ausgangspunkte zurück! Bis zum Jahre 1609 wurde der Saum (zu 3 oder 4 Zentnern [1]) Trockengut mit 1 kr. in Bozen verzollt. Ebenso wurden die übrigen Waren pro Saum mit 1 kr. bezahlt; ausgenommen Öl und Grobwaren, die letzten mit 2 kr.; Wein und Salz

[1] Eine endgültige Aufklärung ist nicht zu erlangen: die Talferordnung setzt 3 Zentner überhaupt nicht voraus, die von 1558 erwähnt sie. 1609 wurde für den Saum à 3 Zentner die Erhöhung durchgeführt. Später, nach 1625, wird streng zwischen Roſssaum und Wagensaum unterschieden. Die Unsicherheit in der Erhebung kam auch 1602 Dez. 31 zum Ausdruck, als der Rat beschloſs, sich bei den Zöllnern zu erkundigen, wie es mit der Abzollung der groſsen Säume gehalten werde. Eine Antwort liegt nicht vor (Ratsprotokolle).

mit 1/2 kr. pro Saum. Der weitaus gröſsere Teil des Transits — beinahe 2/3, wie festgestellt — bestand aus dem gleichmäſsig verzollten Trockengute. Den bei weitem kleineren Teil bildeten Waren, die — ziemlich unerheblich — zum Teil über, zum Teil unter dem gewöhnlichen Satze verzollt wurden. Erheblicheren Unterschied zeigte nur Öl. Inwieweit wurde durch diese Abweichung nach unten und nach oben wieder gutgemacht? Das sind Imponderabilien, die aber doch nicht die, wenn auch eingeschränkte These beeinträchtigen, daſs die in den Bozener Rechnungen angegebenen Summen, in Kreuzern aufgerechnet, ungefähr die Zahl der passierenden Säume, zu 3—4 Wienerischen Zentnern gerechnet, angeben müssen.

Scheinbar wird diese Aufstellung widerlegt. Im Jahre 1514 war die Regierung in Innsbruck befragt worden[1], wie es käme, daſs, obwohl an der Martinsbrücke zu Trient jährlich ca. 20 000 Saum verzollt würden, man eine solche Summe nicht in den Raitungen der Bozener und Branzoller Zollbeamten fände. Der Grund liege in folgendem, so wurde geantwortet: zum Zoll am Eisack, „zur Pranzolerischen Wasserverflossung“ kämen jährlich 16—17 000 Saum. Für die Verzollung in Trient aber müſsten des weiteren veranschlagt werden: 1. diejenigen, die auf der Rod über Unterrain nach Neumarkt gingen: ca. 1500—2000 Saum; 2. diejenigen, die zu Wasser und zu Lande durch die schwäbischen Fuhrleute gefertigt würden. So würden mindestens 20 000 verzollbare Säume für Trient in Betracht kommen. — Aus der Berechnung der Einnahmen an der Zollstange und Talfer würden sich aber für 1614 51 523 Saum Transitgüter ergeben: Es sind in den 20 000 Säumen eben nicht die zu Lande gehenden, durch die Rodleute und Gutfertiger von Sacco transportierten Güter mitgerechnet!

So werden wir denn auf Grund dieser anscheinend unfruchtbaren, sicher langweiligen Untersuchungen die über die Einnahmen am städtischen Zoll Rechnung ablegende Tabelle zum Schlusse folgen lassen können.

(S. Tabelle d S. 67—69.)

Aber weiter können die Zahlen nicht verfolgt werden: Die Zollsätze in der nächsten Zeit weisen zum Teil nicht unbeträchtliche sogen. Additionen auf. — Seit 1621 wurde auch für die Stadt ein ständiger Getreidezoll erhoben[2]. Das Salär für die Zöllner wurde 1601 für den Eisackzöllner auf 10 % des einkommenden Zolles festgesetzt; 1620 auch für die übrigen Zöllner. Seit 1626 wurde es direkt von den Einnahmen ab-

---

1 Missiven an Hof, 1614, April 24.
2 Ratsprotokolle: 1622 Mai 25.

Tabelle d.

Jahr	Eisack				Zollstange				Talfer				Zusammen			
	Mk.	℔.	kr.	fr.	Mk.	℔	kr.	fr.	Mk.	℔	kr.	fr.	Mk.	℔.	kr.	fr.
1465	53	5	8	—	49	6	9	—	37	5	3	1	140	7	8	1
1468	71	1	2	—	58	7	—	—	50	5	10	—	180	3	—	—
1471	62	7	10	—	52	6	1	1	46	1	3	—	161	5	2	1
1475	62	5	5	3	54	9	2	3	53	5	9	—	171	—	5	1
1476[1]	63	2	6	—	53	1	6	—	52	3	6	—	168	7	6	—
1477	67[1]	5	2	4	53	8	1	3	57	8	9	—	179	2	1	2
1491	95	1	11	—	52	2	10	4	61	6	8	—	200	7	7	3[2]
1498	117	8	11	2	67	8	10	4	82	—	5	2	267	9	4	3
1501	123	3	—	—	115	5	10	—	64	—	5	—	312	9	4	—
1507	151	1	9	—	102	4	1	—	88	7	—	4	332	5	2	—
1512	139	8	—	—	98	4	—	—	105	6	—	—	343	8	—	—
1513	105	8	—	—	101	3	9	—	78	6	—	—	285	2	3	—
1514	134	—	—	—	109	5	—	—	72	—	—	—	315	8	—	—
1515	133	8	—	—	71	9	—	—	71	4	—	—	277	1	—	—
1516	104	9	—	—	139	5	—	—	112	1	3	—	356	5	3	—
1517	130	3	—	—	121	4	—	—	77	4	—	—	329	—	—	—
1518	170	5	6	—	110	6	—	—	66	2	—	—	307	3	6	—
1519	141	5	6	—	113	1	—	—	69	9	2	—	324	5	8	—
1520	127	—	—	—	97	2	2	—	101	1	9	—	325	3	11	—
1521	102	5	2	—	91	6	—	—	75	6	11	—	270	—	1	—
1522	95	—	—	—	98	6	6	—	67	6	6	—	261	3	—	—
1523	115	5	6	—	116	7	—	—	52	5	8	—	295	—	2	—
1524	141	4	—	—	122	6	—	—	64	6	—	—	328	6	—	—
1525	125	8	—	—	129	5	6	—	60	1	6	—	315	5	—	—
1526	133	1	1	—	121	4	3	—	65	4	8	—	321	—	—	—
1527	128	4	5	—	112	6	8	—	64	4	8	—	305	5	10	—
1528	117	5	2	—	86	9	2	3	57	9	11	3	290	1	5	3
1529	108	3	7	—	79	9	—	—	75	5	5	—	263	8	—	—
1530	120	8	3	—	105	3	—	—	89	5	1	—	315	6	4	—
1531	116	3	5	—	70	7	10	—	108	—	6	—	295	2	9	—
1532	122	1	2	—	106	5	8	2	88	2	—	—	316	8	10	2
1534	108	—	—	—	105	2	4	—	97	7	6	—	304	6	10	—
1535	112	8	6	—	94	3	6	—	95	2	6	—	302	4	6	—
1536	117	1	9	4	105	4	10	2	62	7	7	3	285	4	3	4
1537	127	5	6	—	122	6	5	—	43	—	3	—	293	2	2	—
1538	131	5	—	—	125	8	—	—	57	6	7	—	314	9	7	—
1540	122	9	2	—	93	6	9	—	92	6	—	—	309	1	11	—
1541	104	8	—	—	97	9	10	—	62	5	—	—	265	2	10	—
1542	101	9	2	—	101	—	—	—	56	2	11	—	259	7	1	—
1543	132	—	2	—	118	3	9	—	61	11	—	—	311	4	10	—

[1] Eie Raitung dieses Jahres ist undatiert. 1575 erhebt Pignater allein den Zoll. 1576 erst Pignater, dann Martin, 1577 allein Martin. Die Summen für die drei Zölle stimmen aber sämtlich nicht.

[2] Ich gebe die angegebene Gesamtsumme. Weitere Fehler kommen vor und sind evident.

Jahr	Eisack				Zollstange				Talfer				Zusammen			
	fl.	℔	kr.	fr.	fl.	℔	kr.	fr.	fl.	℔	kr.	fr.	fl.	℔	kr.	fr.
1544	294	2	4	—	234	1	2	—	113	2	—	—	642	—	6	—
1545	306	1	1	—	222	—	11	—	108	—	7	—	636	2	7	—
1546	267	4	1	—	212	4	6	—	90	4	10	—	571	3	5	—
1547	276	4	3	—	194	3	2	—	115	1	—	—	586	3	5	—
1548	304	—	10	—	199	1	—	—	135	1	—	—	638	2	10	—
1549	277	3	8	—	189	3	4	—	131	1	11	—	588	3	11	—
1550	258	7	11	—	181	6	4	—	141	8	9	—	584	4	—	—
1551	290	2	—	—	190	2	—	—	160	2	4	—	641	1	4	—
1553	271	3	9	—	210	4	11	—	164	4	3	—	652	2	11	—
1554	310	1	2	—	247	1	—	—	175	2	11	3	733	6	3	—
1555	365	4	—	—	256	4	9	—	203	1	—	—	825	4	9	—
1556	331	—	2	—	218	7	8	1	219	3	4	7	769	3	6	—
1557	267	2	10	—	198	—	2	—	162	3	6	—	628	1	6	—
1558	295	1	3	—	256	—	10	—	178	3	10	—	730	—	11	—
1559	276	2	11	—	252	4	1	—	169	2	9	—	698	4	9	—
1560	nicht benutzbar															
1561	303	—	4	7	303	—	2	—	211	2	10	—	818	3	7[1]	—
1562	349	—	2	6	390	4	6	—	176	3	—	—	917	—	10	—
1563	371	1	8	—	359	3	4	—	272	4	9	3	1003	4	9	3
1564	348	—	11	—	353	2	9	—	267	3	3	—	909	1	11	2
1565	456	2	—	2	357	—	6	—	163	1	7	—	976	4	3	—
1566	376	2	1	4	375	—	3	—	199	3	6	—	951	—	10	4
1567	463	4	1	2	300	—	9	—	206	4	$9^1/_2$	—	970	5	44	—
1568	418	3	2	4	321	1	3	—	200	1	4	2	940	10	—	—
1569	398	4	2	—	302	1	6	—	180	3	11	3	885	4	7	3
1570	400	2	4	—	279	2	3	—	146	5	6	—	826	—	11	—
1571	390	4	10	—	285	2	3	—	97	3	7	4	774	8	4	—
1572	398	4	9	1	323	3	2	—	109	4	2	—	832	8	11	3
1573	unzuverlässig															
1574	451	2	5	4	348	4	7	—	159	1	11	3	959	4	—	2
1575	284	—	46	—	287	—	54	3	151	—	57	—	724	—	37	3
1576	307	—	43	—	297	—	48	3	126	—	55	3	732	—	7	1
1577	362	—	55	1	369	—	20	3	152	—	38	4	884	—	54	3
1578	376	—	45	—	254	—	28	—	161	—	43	3	792	—	56	3
1579	379	—	50	—	314	—	2	4	159	—	28	3	853	—	21	2
1580	410	—	25	—	296	—	21	3	164	—	30	1	871	—	16	4
1581	383	—	—	9	264	—	47	—	148	57	—	—	796	55	—	2
1582	374	—	7	—	238	—	33	2	125	—	19	1	737	—	59	3
1583	354	—	—	—	254	—	14	—	112	—	28	3	720	—	42	3
1584	337	—	3	—	272	—	53	—	248	—	7	—	870	—	3	—
1585	325	—	21	—	162	—	35	—	176	—	9	—	664	—	5	—
1586	345	—	22	—	210	—	51	3	145	—	—	3	701	—	14	1
1587	291	—	14	—	230	—	51	—	87	—	1	—	609	—	6	—
1588	345	—	39	—	222	—	54	1	68	—	44	3	637	—	18	—
1589	331	—	19	—	237	—	13	1	110	—	26	—	678	—	58	1
1590	354	—	56	—	341	—	21	—	148	—	17	$3^1/_2$	844	—	34	$3^1/_2$
1592	291	—	50	—	436	—	54	4	169	—	12	1	897	—	57[2]	—
1593	305	—	32	—	433	—	42	2	189	—	1	3	928	—	16[3]	—
1594	316	—	9	—	312	—	31	3	192	—	50	1	821	—	30	4
1595	334	—	43	—	387	—	26	—	205	—	39	3	832	—	38	4

[1] In jener Zeit fanden Zollerhöhungen in Kärnten statt.
[2] mit dem Getreidezoll.
[3] Getreidezoll extra berechnet.

Jahr	Eisack				Zollstange				Talfer				Zusammen			
	fl.	℔	kr.	fr.	fl.	℔	kr.	fr.	fl.	℔	kr.	fr.	fl.	℔	kr.	fr.
1596	361	—	46	—	393	—	46[3]	—	221	—	16	1	956	—	46	1
1597	358	—	59	2[1]	410	—	18	—	198	—	22	—	954	—	39	2
1598	344	—	6	—	275	—	24	3	147	—	25	—	766	—	55	3
1599	334	—	27	—	314	—	51	—	188	—	22	2	837	—	40	2
1600	325	—	52	4	259	—	21	2	189	—	17	—	774	—	31	2
1601	496	—	12	—	309	—	32	—	207	—	52	3	**1073**	—	36	3
1602	506	—	35	4	262	—	3	2	198	—	6	3	966	—	45	4
1603	450	—	70	2	235	—	29	1	143	—	48	4½	829	—	35	2½
1604	479	—	53	—	241	—	36	4	122	—	48	4	844	—	18	3
1605	474	—	—	—	235	—	35	4	180	—	75	3	890	—	21	2
1606	522	—	34	—	222	—	25	2	200	—	21	—	945	—	20	2
1607	624	—	—	—	205	—	21	4	173	—	31	3	1002	—	53	2
1608	591	—	58[2]	—	191	—	15	2	181	—	39	2	964	—	52	4
1609	797	—	3	—	208	—	18	—	176	—	39	4	1182	—	14	—
1610	901	—	44	—	267	—	42	—	151	—	35	2	1321	—	1	2
1611	845	—	16	—	269	—	25	4	180	—	56	2	1295	—	38	1
1612	837	—	3	—	274	—	19	3	183	—	51	3	1295	—	14	1
1613	904	—	15	—	269	—	3	—	183	—	37	2	1356	—	55	2
1614	875	—	21	3	269	—	58	1	188	—	45	—	1324	—	34	2
1615	965	—	38	—	267	—	5	2	212	—	—	—	1444	—	43	2
1616	985	—	41	—	252	—	47	—	214	—	—	—	1452	—	28	—
1617	955	—	52	—	295	—	15	4	211	—	4	—	1463	—	28	4
1618	862	—	50	3	366	—	53	4[4]	208	—	5	—	1438	—	40	2
1619	980	—	13	—	530	—	16½	—	225	—	52	—	1736	—	21	½
1620	704	—	37	—	354	—	22½	—	163	—	37	1½	1222	—	36	4
1621	276	—	20	1	178	—	15	—	107	—	50	2	562	—	25	3
1626	1723	—	36	3	1158	—	19	4½	746	—	40	—	3628	—	36	2½
1627	1545	—	33	—	699	—	42	—	1062	—	57	2½	3308	—	12	2½
1628	1726	—	48	—	1086	—	16	2	700	—	22	—	3507	—	26	2
1629	1071	—	31	4	1374	—	40	2½	571	—	20	—	3615	—	12	1½
1630	1238	—	2	—	1218	—	22	—	623	—	7	—	3079	—	31	—
1631	716	—	42	—	314	—	23	—	442	—	50	—	2134	—	19	—
1632	1366	—	32	—	933	—	14	—	541	—	20	—	2841	—	9	—
1633	1463	—	47	3	1110	—	19	2	543	—	18	—	3117	—	19	—
1634	1434	—	17	—	990	—	49	3	520	—	10	—	2945	—	16	2
1635	1335	—	40	—	986	—	58	—	459	—	3	—	2782	—	1	—

Über die weitere Entwicklung der Bozener Zahlen:

1540	3277	—	37½	—
1545	2477	—	38	1
1550	1874	—	6	3½

[1] Mit Getreidezoll.

[2] Hier trat die Besserung des Zolles ein.

[3] Mit dem Getreidezoll (für italienisches Getreide); in den früheren Jahren nichts erwähnt.

[4] Es existiert eine Eisackordnung, die für Trocken-Güter 1½ kr. festsetzt.

gezogen, so dafs seit der Zeit die angegebenen Summen um $^1/_9$ zu vergröfsern sind [1].

Eine zweite Quelle für die Entwicklung des Verkehrs sind die landesfürstlichen Raitbücher im Innsbrucker Archiv. Doch vermögen sie kein einwandfreies Bild zu geben: Die Zölle wurden die ganze Periode hindurch verpfändet [2], und die Abzahlungssummen scheinen von den einzelnen Zollverwaltungen aus abgetragen worden zu sein. So sind die Erträgnisse des wichtigsten Tiroler Zolls, des Luegzolls, 1506 und 1507: 400 resp. 776 fl, im Jahre 1503 dagegen 2163 Mk. 2 ℔ 6 kr. Aufser in den Raitbüchern sind aber noch andere gelegentliche Zahlen übermittelt. So in den Luegrechnungsbüchern aus den Jahren 1551 und 1572 [3]. Die Einnahmen für jeden einzelnen Tag sind hier aufgeführt, und es ist kein Grund vorhanden, an der Richtigkeit der Angaben zu zweifeln. Danach würden sich die Einnahmen in diesen beiden Jahren auf 3296 Mk. 8 ℔ 1 fr. und 3313 Mk. 8 ℔ 6 fr. belaufen haben (Raitbücher: 300 fl. und 222 fl.). Die jährlichen Einnahmen und Ausgaben in der Grafschaft Tirol und den Vorlanden 1502 [4] geben an:

Lueg: 4326 fl. 30 kr.
Unterrain: 851 fl. 47 kr. 1 fr.
Töll (bei Meran): 2861 fl. 56 kr. 4 fr.
Tiroler Kopialbücher: Missiven an Hof 1532 April 13:
1530: Lueg: 5497 fl. 9 kr.
Töll: 3748 fl. 52 kr. 2 fr.
1531: Lueg: 4809 fl. 15 kr. $3^1/_2$ fr.
Töll: 2897 fl. 23 kr. [5]

Mag die Richtigkeit der Zahlen von 1502 bezweifelt werden. Die übrigen Angaben sind sicher [6]. Sie zeigen — mit den Bozener Zahlen verglichen — dafs ein durchaus entsprechendes Wachsen des Verkehrs am Luegzoll stattfand.

So geben die Bozener Zollzahlen eine wichtige Vervollständigung der Anschauungen über die deutsch-italienische Handelsfrequenz im 16. Jahrhundert. Es ist nicht so wunderbar, dafs auf jener internationalen Konferenz, die im Jahre 1666 in Bozen den Zweck eines Meinungsaustausches zwischen

---

1 Ratsprotokolle: 1588 Febr. 1; 1590 Juni 11; 1619 Jan. 7; 1620 Jan. 24 und städtische Raitbücher sub „Ehrung".

2 Vgl. z. B. Archivberichte aus Tirol III, Nr. 1224: 1466 befiehlt Erzherzog Siegmund, dafs jährlich 20 Mk. aus dem Luegzolle einem seiner Räte geleistet würden.

3 Statthaltereiarchiv, Codex 337 und Codex 50.

4 Codex 303.

5 An der Töll war der Zoll für Ganzgüter geringer. Die Zahlen wurden als Beweis für den Rückgang des Verkehrs nach Wien berichtet. Die Einnahmen in den Raitbüchern sind minimal.

6 Vielleicht aber fand 1558 eine Tarifänderung am Lueg statt, so dafs die Zahl für 1572 mit Vorsicht aufzunehmen ist. Vgl. Tiroler Kopialbücher, Gemaine Missif, 1613 Sept. 3.

den Gesandten des Kaisers, Venedigs und der süddeutschen Städte verfolgte, dafs in den „langatmigen Erörterungen“ eines ausschlaggebenden Faktors überhaupt nicht gedacht wurde, der Änderungen im Welthandel[1]. Augsburgs und der süddeutschen Städte Geld- und Warenhandel verlor nicht an Extensität. Für Augsburg speziell liegen Zahlen des Zollregisters am roten Tore vor: Das Gewicht der vom Oktober 1538 bis Oktober 1539 passierenden Güter betrug rund 30000 Zentner[2]; vom Dezember 1597 bis Dezember 1598 betrug die Zahl 60000. Der Wohlstand Augsburgs wuchs das ganze Jahrhundert. Und auf der andern Seite war Venedig wohl imstande, nach der Entdeckung des Seeweges nach Ostindien noch am Ende des 16. Jahrhunderts den Portugiesen kräftige Konkurrenz zu machen[3]. So war es denn der grofse Krieg, der auch diese reiche Blüte zum Welken brachte.

Zum Schlusse ein Wort über die deutsch-italienische Handelsbilanz. Die ersten und letzten drei Jahre (bis 1609) der Bozener Zolleinnahmen addiert ergeben folgende Summen:

Eisack:	187 Mk. 4 ℔. 8 kr. — fr.	1620 fl. 34 kr. — fr.
Zollstange:	160 Mk. 9 ℔ 10 kr. 1 fr.	663 fl. 23 kr. — fr.
Talfer:	134 Mk. 2 ℔ 4 kr. 1 fr.	555 fl. 8 kr. 1 fr.
	295 Mk. 2 ℔ 2 kr. 2 fr.	1218 fl. 34 kr. 1 fr.

Die Entwicklung war keine sprungweise, wenn auch die siebziger Jahre und der Anfang des neuen Jahrhunderts zu dem Resultate am meisten beitragen.

---

[1] J. Hartung, Zeitschrift für Sozial- und Wirtschaftsgeschichte.

[2] J. Müller, Vierteljahresschrift für Sozial- und Wirtschaftsgeschichte, Bd. III, Heft 4, S. 123. Andere Angaben vgl. bei G. Wiebe, Geschichte der Preisrevolution des 16. und 17. Jahrhunderts, S. 207 f. Staats- und sozialwissenschaftliche Beiträge II, 2, herausgegeben von A. von Miaskowski.

[3] Simonsfeld, Bd. II, S. 123. Die von mir benutzte italienische Literatur erörtert diese Verhältnisse nicht: Fabio Mutinelli, Del commercio dei Veneziani. Venezia 1835. C. A. Marin, Storia civile-politica del commercio dei Veneziani. Venezia 1798—1800. Lucorgo Cappelletti, Il commercio dei Veneziani. Venezia 1867.

Fünfter Abschnitt.

Formen des Markthandels.

A. Häuser der Kaufleute, Gewölbe und Marktstände in Bozen.
B. Höhe der Marktfrequenz, auch im Vergleich zu der übrigen Zeit des Jahres.
   a) Aus den städtischen Platzeinnahmen.
   b) Aus den städtischen Zolleinnahmen.
C. Märkte und Börsen.

Wie spielte sich Handel und Verkehr in Bozen ab, und in welchen Formen erfolgten die auf dem Markte geschlossenen Geschäfte?

Ein grofser Teil der Kaufleute hatte eigene Gewölbe in Bozen, die häufig in den Protokollen genannt werden [1]; schon 1511 wurde betont, dafs, wenn die Märkte nach Tramin verlegt würden, grofse Verluste durch die Entwertung der Häuser eintreten würden. Die grofsen Gewölbe auf dem Rathause hatten die „Pöckhlischen" aus Augsburg gepachtet (seit 1585 [2]); das kleine zuerst Fischbacher-Augsburg, später die Gebrüder Widmann und schliefslich Martin Speier und Joh. Antoni Gög aus München. Erst der Krieg vertrieb (1630) die Pöckls aus Bozen, die dort auch ein eigenes Haus besessen haben [3].

Die Kaufmannsgewölbe haben wir wohl zunächst in der Laubengasse zu denken. Beda Weber erzählt, dafs vom Obstplatz aus die linke Seite die welsche, die rechte die deutsche genannt worden sei; 1537, Freitag vor Reminiscere, wurde beschlossen, dafs die Stadtobrigkeiten „die Stände und das Gewölbe zu beiden Seiten (jedenfalls: Laubengasse) und auch „den Platz" ausgehen sollten. Derartige Mafsnahmen wurden wohl durch die stete Klage, dafs die Vorstände unter den Gewölben zu weit gerückt würden, und dadurch zu Marktzeiten

[1] 1524 Phinztag nach St. Augustin; 1630 Aug. 31.
[2] S. Raitbücher.
[3] Ratsprotokolle 1610.

schwere Passage entstände, veranlaſst[1]. Weitere Verkaufsstände in den Marktzeiten befanden sich auf den Plätzen, von denen wohl der Obstmarkt und Kornplatz[2] hauptsächlich in Betracht kamen. Auf dem Obstplatze hatten die fremden Schuster ihre Stände[3]. Die Stände „am Platz" (jedenfalls Kornmarkt) waren bevorzugt. Den fremden Welschen, die Feigen u. a. feilhielten, wurde auferlegt, sie sollten zunächst „in Huſs und Maur hinauf" oder am Obstplatz verkaufen. Erst wenn diese Stände besetzt seien, sollten sie zu den Ständen am Platz zugelassen werden[4].

Der Rat hatte diese Stände zu verpachten. Sie werden unter einer Rubrik mit den Rathausständen genannt. Die Bezeichnungen für diese beiden Einnahmen waren: „Innamen des Zins von den Plätzen und läden" (1516); „Innamen von den Plätzen auch vor dem Prothaws und in dem Rathaws Standgeld" (1524); am häufigsten heiſst es: Bestandgeld von Plätzen und Gewelben" (z. B. 1528).

Als das Publikum, das diese Stände benutzte, haben wir uns wohl zumeist kleine Leute vorzustellen. Freilich zahlte Kuenperger-München Egidi 1475 eine relativ hohe Summe: 2 ℔ 6 gr. — das einzige Mal, daſs mit einem Kaufmann besonders abgerechnet wurde. Als man 1607 auch für den Pfingstmarkt die Bezahlung von Standgeldern anordnete, wurde als Inhaltsangabe an den Rand der Protokolle geschrieben: „Den fremden Krämern firthin am Pfingstmarckht auch ain Standtgeldt anfzuladen"[5]. Es waren dies eben Fisch- und Feigenhändler, Hutmacher[6], Schuhmacher usw.

Weitere Wahrscheinlichkeitsgründe werden sich im Laufe der Untersuchung aus dem zur Verfügung stehenden Zahlenmaterial selbst ergeben. Vorerst seien die jährlichen Einnahmen aus dem Platzgelde von den drei Märkten lediglich tabellarisiert:

(Hierher Tabelle a) S. 74.)

Die weiteren Angaben sind nicht mehr benutzbar; 1588 wurde neuerdings ein Niederlagsgeld für die zu jeder Zeit in Bozen niedergelegten Fässer eingeführt. Es betrug 4 kr., für die Ölfässer 6 kr.[7]. Dies wurde mit den Platzeinnahmen teils zusammen, teils gesondert verrechnet[8].

---

1 1609 Okt. 22.

2 Wohl der Marktplatz par excellence. Vgl. S. 28.

3 1543 März 30.

4 1538 März 13.

5 1607 Jan. 3.

6 1591 Juni 10: die Hutmacher Bozens beschwerten sich über den Marktbesuch der fremden Hutmacher. Antwort: sie könnten ja ebensogut wie diese Marktstände aufrichten.

7 Wogegen sich die Wälschen sträubten (1588 März 4 und 1589 Dez. 1).

8 Später wurden auch die Einnahmen vom Rathaus gesondert berechnet. Die Rathausgewölbe wurden bis 1587 augenscheinlich nur für

Tabelle a.

Jahr	Mk.	fl.	ß.	Jahr	Mk.	fl.	ß.	Jahr	Mk.	fl.	ß
1465	7	—	9	1530	22	—	—	1560	—	44	4[2]
1468	7	—	1	1531	24	—	9	1561	—	39	3
1471	8	—	9	1532	24	—	3	1562	—	26	1
1475	6	—	7	1534	24	—	—	1563	—	32	1
1476	6	—	6	1536	20	—	7	1565	—	36	5
1477	6	—	3	1537	25	—	2	1566	—	33	—
1491	19	—	5	1538	22	—	4	1568	—	35	—
1498	14	—	7	1540	22	—	7	1569	—	38	1
1501	17	—	—	1541	20	—	5	1570	—	38	—
1507	15	—	2	1542	22	—	—	1571	—	28	2
1512	24	—	—	1543	21	—	5	1572	—	34	—
1514	25	—	5	1544	—	41	1	1573	—	35	—
1515	25	—	5	1545	—	34	4	1574	—	35	3
1517	27	—	—	1546	—	27	8	1575	—	25	2[3]
1518	27	—	—	1547	19	—	2	1576	—	33	4
1519	26	—	9	1548	19	—	9	1577	—	31	3
1520	21	—	5	1549	—	39	3	1578	—	30	—
1521	18	—	6	1550	—	49	—	1579	—	30	4
1522	18	—	9	1551	20	—	—	1580	—	35	2
1523	23	—	5	1553	—	40	1	1581	—	30	—
1524	20	—	2	1554	—	40	—	1582	—	34	—
1525	16	—	7	1555	—	41	—	1583	—	35	—
1526	15	—	9	1556	—	40	1	1584	—	38	4
1527	22	—	2	1557	—	35	9	1585	—	46	3
1528	22	—	5	1558	—	29	6[1]	1586	—	48	3
1529	21	—	9	1559	—	34	4	1587	—	47	3

So ergeben sich erst seit ungefähr 1600 vergleichbare Summen fürs Platzgeld und Niederlaggeld, abzüglich des Niederlaggeldes für Salz- und Getreidefässer, das stets besonders verrechnet wurde:

(Hierher Tabelle b) S. 75.)

Annähernde Bestimmungen über die Zahl der niedergelegten Fässer ergeben sich so aus dem Vergleich mit den Einnahmen, die bis 1587 aus der Miete der Marktstände allein flossen; diese Einnahmen zeigen nämlich bis 1587 keine Tendenz der Erhöhung. Zwar sind sie im einzelnen aufserordentlich schwankend; das Gros aber bewegt sich in den sechziger, sieb-

die Marktzeit verpachtet: Die Einnahme der für das ganze Jahr verpachteten Gewölbe betrug Ende des Jahrhunderts die nicht unbeträchtliche Summe von 38 fl. Ob darein auch die Rathausstände verrechnet wurden, ist nicht zu ermitteln.

[1] Mitfasten und Egidi: „Die Vorstend vorm Prodthaus so vormaln bei 11 fl. tragn sein unverlassen bliben."

[2] Bis dahin geben die Zahlen die Einnahmen für die Plätze, abzüglich des Soldes für die Platzeinlasser. Von 1560 an wurden diese extra dotiert mit 3 fl. pro Markt. Vgl. Raitbücher sub „erung" und Ratsprotokolle 1561 Jan. 21.

[3] Egidi minimal.

Tabelle b.

Zeit	Mitfasten		Egidi		Andreä		Corporis-Christi	
	fl.	kr.	fl.	kr.	fl.	kr.	fl.	kr.
1600	26	27	24	26	24	34	—	—
1601	25	28	29	18	35	54	—	—
1610	35	7	32	29	38	39	—	—
1611	35	41	24	27	32	39	—	—
1630	34	7	32	17	30	51	22	2
1632	29	32	44	37	52	23	16	42

ziger und achtziger Jahren des 16. Jahrhunderts etwa um die Zahl 35. Ziehen wir den Einnahmedurchschnitt für die ersten brauchbaren Jahre 1491—1501, so resultieren 17 Mk. 1 ℔ = 34 fl. 1 ℔; ein Ergebnis, das nur nutzbar zu machen ist, wenn noch andere Angaben über die Höhe des Marktverkehres zu gewinnen sind, die in Parallele gestellt werden können.

Die Raitbücher geben nicht nur die für die ganzen Jahre eingegangenen Summen wieder, sondern spezifizieren die Zölle dergestalt, daſs für alle drei Zölle mehrere, im Maximalfalle je 13 gleiche Perioden genommen sind, so daſs für ein Jahr — um im Beispiele zu bleiben — 13 × 3 = 39 Zollabrechnungen statthaben. Ein Beispiel illustriere hier:

Tabelle c. (Jahr 1498.)

Zeit	Eisack				Zollstange				Talfer				Zeit
	Mk.	℔.	kr.	fr.	Mk.	℔	kr.	fr.	Mk.	℔.	kr.	fr.	
Freitag nach Conversionis Pauli	9	9	—	—	13	—	—	—	9	3	—	—	—26. Januar
Samstag v. Sonntag Oculi	6	6	—	—	8	4	—	—	13	8	—	3	Jan. 26—März 17
Mittich n. Palmarum . .	33	7	—	—	13	—	—	—	16	6	—	—	März 17—April 11
Freitag v. dem Pfingsttag	12	—	7	—	4	4	9	1	5	6	—	—	April 11—Juni 1
Fritag n. Viti modesti . .	4	5	—	—	2	5	8	3	2	1	8	3	Juni 1—Juni 19
Samstag v. Oswaldi . . .	1	7	6	—	1	1	—	—	—	6	3	—	Juni 19—August 4
Samstag St. Egidientag .	—	8	6	2	—	9	8	—	1	3	5	1	August 4—Sept. 1
Fritag v. St. Michelstag .	13	9	—	—	7	—	—	—	7	2	—	—	Sept. 1—Sept. 25
Freitag v. Simon u. Judä	5	—	7	—	6	6	—	—	7	8	—	—	Sept. 25—Okt. 26
Sonntag n. St. Andreas .	7	3	9	—	1	9	6	—	4	—	—	—	Okt. 26—Dez. 2
Sonntag n. St. Thomas .	12	1	—	—	7	8	—	—	14	—	—	—	Dez. 2—Dez. 23
Summa: 267 9 4 3	117	8	11	2	67	8	10	4	82	—	5	2	Jahreseinnahmen

Für die Genauigkeit dieser Angaben bürgt die innerhalb der verschiedenen Jahre stets im Verhältnis bleibende Höhe der Einnahmen im Vergleich der einzelnen Jahresperioden —

ein neuer Beweis also für die Erhebung des Zolls nach einem einheitlichen Quantitätssatze. Auch für die oben erläuterte Erhebungs*art* findet sich eine Bestätigung: die Einnahmen am Eisack in der Fastenzeit weisen eine erheblich gröfsere Höhe auf als in den anderen Marktzeiten und im Vergleich zu den beiden übrigen Zöllen während der Fastenzeit. Die Fastenspeise kam aus Italien über den Eisack.

Auf diese beiden neuen Daten gestützt, wird füglich versucht werden können, die Höhe des Verkehrs, speziell für die Marktzeiten, in ihrem Verhältnis zur gesamten Verkehrshöhe und zur Verkehrshöhe zwischen den Märkten festzustellen.

Die Waren trafen erst ganz zu Beginn des Marktes ein[1]; der Verkehr dauerte die ganze Marktzeit an[2]. Über die Länge der Märkte ist aus den Zollraitungen nicht ins klare zu kommen; doch besteht die unverkennbare Tendenz, die Erhebungsabschnitte kurz vor und kurz nach dem Markte zu setzen. Die Durchschnittslänge der die Marktzeit betreffenden Erhebungsperioden beträgt etwa 25 Tage, im Mindestfalle 10 Tage[3]. Aus dem vorliegenden Material ergab es sich aber als unzweckmäfsig, in der Berechnung der täglichen Verkehrshöhe der Marktzeit sich an eine unter Festlegung bestimmter Datierung etwa zehntägige Marktzeit zu halten[4]. Ein mindestens ebenso gutes Bild gibt die Berechnung der durchschnittlichen Erträgnisse der einzelnen Tage, lediglich für die *gesamte* Zollerhebungsperiode, in die die Marktzeit fiel. Doch wird man hier nicht alle Angaben der Zollraitungen verwerten können; es ist vielmehr nur eklektisch vorzugehen.

(Hierher Tabelle d) S. 77.)

Immerhin besitzen diese Zahlen Nutzen in doppelter Hinsicht: Die Fastenhandlung ging in ihrem relativen Verhältnis zu den beiden übrigen Märkten zurück; und zweitens ein Beweis für ihren geringen absoluten Wert: Je gröfser die Länge der Periode ist, je gröfser die Zahl der Tage, die sich

---

1 Ersichtlich aus sehr geringen Summen, die erhoben wurden, z. B.: 1477 Nov. 29; 1525 Sept. 2 — also einen Tag vor dem Markte oder am ersten Markttage. Auch Verschiebungen der Märkte scheinen stattgefunden zu haben: 1475 Mitfasten (fiel sehr frühe); 1526 Egidi.

2 Ersichtlich aus Perioden, deren Erhebungstermin gerade in die Marktzeit fiel: 1575 Egidi, 1501 Egidi, 1507 Andreä.

3 1468 Egidi.

4 Wenn die Egidi-Periode auf den 30. August bis 8. September festgelegt wäre, so würde die Rechnung 1475 für die Zollstange lauten: Juli 4—Sept. 1 Einnahmen: 1 M. 2 ℔; Sept. 1—Sept. 29: 9 M. 1 ℔. Auf den einzelnen Tag der ersten Erhebungsperiode entfällt: — —; .... der zweiten Erhebungsperiode entfällt: — —; die Addition der durchschnittlichen Tageseinnahmen für die in die festgesetzte Marktzeit hineinfallenden Tage der ersten und der zweiten Erhebungsperiode ergibt — — dies dividiert durch die 10 Tage der Marktperiode = durchschnittliche Höhe der täglichen Einkünfte der Marktperiode.

Tabelle d.

Jahr		Mitfasten	Egidi	Andreä	jährlich
1465:	Länge der Erhebungsperiode in Tagen	16	23	35	365
	Durchschnittliche Tageseinnahmen während der Periode (in fl.)	2,44	0,87	0,6	0,38
1468		18	15	unbrauchbar	366
		2,8	1,6	—	0,49
1471		17	—	35	365
		2,53	—	0,71	0,44
1475		26	28	—	365
		2,11	0,61	—	0,47
1477		22	—	22	365
		2,32	—	0,95	0,48
1491		22	28	24	365
		2,1	1	1,33	0,55
1498		25	24	21	366
		2,52	1,17	1,6	0,7
1501		23	—	25	365
		2,6	—	2,22	0,85
1507		21	24	20	365
		2,81	1,58	2,05	0,91
1522		31	29	—	365
		1,9	1,14	—	0,72
1523		30	21	—	365
		2,3	1,75	—	0,81
1524		31	33	44	365
		1,9	1,24	1,23	0,81
1537		22	—	19	365
		1,63	—	2,21	0,8

nicht auf die eigentlichen — sagen wir zehn Markttage (Lorenz Meder 1556: 8 Tage Warenhandel) — beziehen, in desto umfangreicherem Maſse geht die Höhe des Satzes für die einzelnen Tage zurück. Zwei extreme Fälle: Für das Jahr 1468 ist die Periode besonders glücklich vom 29. August bis 14. September gewählt; besonders unglücklich für 1491 vom 24. August bis 21. September. Auf die 15 resp. 27 Tage kamen so mit einer Einnahmenhöhe von rund 24 und 28 Mk. auf jeden Tag 1,6 und rund 1 Mk. Den wirklichen Verhältnissen würden gegenüber diesen tabellarisierten Minimalsätzen näher kommen die durch Division der Zahl 10 — also der angenommenen Tageszahl der eigentlichen Marktzeit — in die Einnahmenhöhe der ganzen betr. Erhebungsperiode resultierenden Maximalsätze. Mit anderen Worten: Ein besseres Bild würde die Vergleichung der sich auf eine Marktzeit beziehenden Gesamteinnahmen der betr. Erhebungsperiode, sowohl mit dem ganzen Jahresertrag, wie mit den Einnahmen der Perioden, die auſserhalb der Marktzeit fallen, ergeben.

Tabelle e.

Erhebungs-periode	Ein-nahmen-höhe	Länge d. Perioden in Tagen	Ein-nahmen-höhe	Länge d. Perioden in Tagen	Ein-nahmen-höhe	Länge d. Perioden in Tagen
	1465		1468		1471	
Mitfasten .	39	16	51	18	43	17
Egidi . .	20	23	24	15	—	—
Andreä . .	21	35	—	—	25	35
Summa . .	80	74	75	33	68	52
Jahresertrag	140	365	180	366	161	365
Rest . . .	60	291	105	333	93	313
	1475		1477		1491	
Mitfasten .	54	26	51	22	46	22
Egidi . .	17	28	—	—	28	28
Andreä . .	—	—	21	22	32	24
Summa . .	71	54	72	44	106	74
Jahresertrag	171	365	179	365	200	365
Rest . . .	100	311	107	321	94	291
	1498		1501		1507	
Mitfasten .	63	25	50	23	59	21
Egidi . .	28	24	—	—	38	24
Andreä . .	34	21	56	25	41	20
Summa . .	125	70	106	48	138	65
Jahresertrag	267	366	312	365	332	365
Rest . . .	142	290	206	317	194	300
	1522		1523		1524	
Mitfasten .	58	31	69	30	59	31
Egidi . .	33	29	38	21	41	33
Andreä . .	—	—	—	—	54	44
Summa . .	91	60	117	51	154	108
Jahresertrag	261	365	295	365	328	365
Rest . . .	170	305	178	314	174	257
	1537					
Mitfasten .	—	—	—	—	—	—
Egidi . .	36	22	—	—	—	—
Andreä . .	42	19	—	—	—	—
Summa . .	78	41	—	—	—	—
Jahresertrag	293	365	—	—	—	—
Rest . . .	215	324	—	—	—	—

So würde sich, unter Gliederung nach Jahren mit 2 resp. 3 berechneten Märkten folgendes prozentuale Verhältnis der Einnahmen- und Tagessummen zu den jährlichen Gesamteinnahmen und der gesamten Zeit des Jahres ergeben:

(**Hierher Tabellen f) und g)** S. 79.)

Der Markthandel also ging gerade in jener etwa vierzigjährigen Periode, in der sich die Handelsfrequenz über Bozen mehr als verdoppelte, in seinem relativen Verhältnis zur Höhe

Tabelle f.

Jahr	1465	1491	1498	1507	1524
	%	%	%	%	%
Prozentuales Verhältnis der Einnahmen	57,1	53	46,8	41,6	46,9
Prozentuales Verhältnis der Tagessummen	20,3	20,3	19,1	17,8	29,9

Tabelle g.

Jahr	1468	1471	1475	1477	1501	1522	1523	1537
	%	%	%	%	%	%	%	%
Prozentuales Verhältnis der Einnahmen	41,7	42,2	41,5	40,2	33,9	34,9	39,7	26,6
Prozentuales Verhältnis der Tagessummen	8,8	14,2	14,8	12,1	13,1	16,4	14	11,2

des Gesamthandels zurück! Eine Erscheinung, die sich noch in anderer Weise äufsert: Das prozentuale Sinken und Steigen der Tagessummen in der zweiten Tabelle bewegt sich innerhalb der Zahlen 8,8 und 16,4. Bis 1477 zeigen sich die Zahlen der prozentualen Einnahmensummen von der Höhe der prozentualen Tagessummen — mögen sie sich auf 8,8, 14,2 oder 12,1 belaufen — schlechterdings gar nicht beeinflufst. Stärkere Beeinflussung zeigen die Jahre 1491, 1498 und 1507, die stärkste aber die beiden Jahre 1524 und 1537, verglichen mit den Vorjahren. Eine Ausnahme macht das Jahr 1523.

Es ist aber hier nicht stehen zu bleiben, sondern zu untersuchen, ob und von welchen Perioden aufserhalb der Marktperioden vorzüglich die relative Steigerung ausging. Vergleichbare Perioden ergaben sich für die Zeit kurz nach dem Andreämarkte, nach dem Mitfastenmarkte, kurz vor dem Egidimarkte und zwischen dem Egidi- und Andreämarkte. So ergibt sich folgende Tabelle:

(Hierher Tabelle h) S. 80.)

Soweit also zwischen Perioden kurz nach den Märkten und kurz vor den Märkten unterschieden werden kann, zeigt sich, dafs die Perioden kurz nach den Märkten weit mehr die Tendenz zum Steigen hatten als die eine kurz vor Egidi, dafs die Periode vor allem nach Andreä, in geringerem Mafse nach Egidi in ihren Einnahmen mehr stiegen als durchschnittliche Steigerung der Einnahmen aufserhalb der Marktzeiten zu verzeichnen ist.

Ein gutes Bild über die zeitliche Verteilung des Verkehrs auf der Brennerstrafse geben zwei Luegraitungen aus den

Tabelle h.

Zeit	Durchschnittliche Einnahmen	Jahreseinnahmen	Höhe der Einnahmen zwischen den Märkten	Zeit	Durchschnittliche Einnahmen	Jahreseinnahmen	Höhe der Einnahmen zwischen den Märkten
1465 April 7—Mai 13[1] .	0,26	140	60 (III[2])	1475 Juli 4—September 1	0,08	171	100 (II)
1471 April 10—Juni 17 .	0,13	161	93 (II)	1491 Juli 22—August 24	0,07	201	95 (III)
1477 April 6—Mai 31 . .	0,28	179	105 (II)	1498 August 4—Septbr. 1	0,11	267	133 (III)
1491 März 27—April 23 .	0,47	201	95 (III)	1507 Juli 20—September 1	0,10	333	195 (III)
1498 April 11—Juni 1 . .	0,43	267	133 (III)	1522 Juni 16—August 28	0,12	261	170 (II)
1513 April 1—Mai 27 . .	0,38	285	—	1526 Juni 4—August 30	0,17	321	—
1465 Sept. 14—Nov. 22 .	0,33	140	60 (III)	1468 Dez. 25—Februar 6	0,28	180	105 (II)
1475 Sept. 29—Nov. 5 . .	0,35	171	100 (II)	1471 Dez. 25—Januar 24	0,23	161	93 (II)
1477 Nov. 1—Nov. 29 . .	0,21	179	105 (II)	1477 Dez. 25—Februar 8	0,54	179	105 (II)
1491 Oktober 11—Nov. 11	0,68	201	95 (III)	1491 Dez. 24—Januar 8 .	0,93	201	95 (III)
1498 Sept. 25—Oktober 26	0,61	267	133 (III)	1501 Dez. 25—Februar 3	0,88	312	206 (II)
1507 Sept. 25—Nov. 4 . .	0,77	333	195 (III)	1513 Dez. 25—Februar 1	0,97	285	—
1518 Sept. 26—Nov. 22 .	0,89	307	—	1520 Dez. 25—Januar 16	1,05	325	—
1519 Oktober 10—Nov. 28	0,98	325	—	1521 Dez. 22—Februar 8	0,5	270	—
1523 Sept. 23—Nov. 9 . .	0,83	295	178 (II)	1524 Dez. 23—Februar 22	—	329	141 (III)
Dezember-Perioden:							
1512 Dez. 10—Dez. 30 . .	2	344	—	1532 Dez. 7—Dez. 24 . .	2,71	317	—
1523 Dez. 9—Dez. 23 . .	3,43	261	170 (II)	1543 Dez. 7—Januar 4 .	1,75	311	—

[1] Die Mitfasten-Märkte waren in den folgenden Jahren: März 23, März 23, März 15, März 12, März 24, März 5.

[2] Anzahl der Märkte, die während des Jahres berechnet werden konnten.

Tabelle i[1] (Jahr 1551).

Einnahmenperiode des betr. Monats, immer vom Ersten an gerechnet	Januar	Februar	März	April	Mai	Juni	Juli	August	Septbr.	Oktober	Novbr.	Dezbr.
1. Woche . . .	94[2,3]	80	44	51	88[5]	99	21	58[5]	17	65	58	108
2. Woche . . .	49	79	57	51	46	37	21	10	107[5]	80	46	88
3. Woche . . .	78	70	71	119[5]	39	23	6	23	63	62	54	146
4. Woche . . .	64	51[4]	100	45	98	12	65[5]	7	68	53	62	236[5]
Rest des Monats	42	—	11	8	53[5]	1	1	3	21	21	16	47[5]
Summa	327	280	284	275	325	172	114	102	277	281	236	624

Tabelle k[6] (Jahr 1572).

Einnahmenperiode	Januar	Februar	März	April	Mai	Juni	Juli	August	Septbr.	Oktober	Novbr.	Dezbr.
1. Woche . . .	27	52	59	119	33	38	10	6	87	81	88	28
2. Woche . . .	51	51	60	33	46	37	8	41	15	87	74	90
3. Woche . . .	67	37	44	34	38	12	6	27	117	72	70	152
4. Woche . . .	48	66	99	30	29	32	26	5	294	72	114	241
Rest des Monats	17	15	40	8	28	1	—	5	21	23	18	41
Summa	211	222	302	223	175	121	51	85	534	336	364	552

[1] Innsbrucker Statthalterei, Codex 337.

[2] Ich gebe nur die abgerundeten Summen (in Mark) wieder.

[3] Davon am siebenten allein 32 Mk. mit der Bemerkung: Palln 15. Jedenfalls daraus zu erklären, daſs die Gutfertiger — einer vielbekämpften Unsitte folgend — die Ballen vielfach zu einer Conduta zusammenkommen lieſsen. 1564 Verordnungen dagegen. In der Tat weist Tabelle k) ganz erheblich stetigere Einnahmenzahlen auf. Vgl. Vierteljahresschrift für Sozial- und Wirtschaftsgeschichte, Bd. III, Heft 4, 1905, S. 575, 578, 591.

[4] Die letzten Tage: „Groſsschnee."

[5] Vgl. Anm. 3.

[6] Codex 70.

Jahren 1551 und 1572[1]. Der Zoll bezog sich freilich auf die beiden Strafsen durch das Eisack- und das bei Sterzing abgehende Pustertal. Die Zahlen zeigen aber erhebliche Beeinflussung durch die Märkte in Bozen, so dafs sie hier Platz haben mögen:

(Hierher Tabelle i) und k) S. 81.)

Also auch hier eine Bestätigung des gefundenen Bildes, dafs die Zeit nach den Märkten eine verhältnismäfsig grofse Frequenz aufwies.

Das allgemeine Bild der Verteilung des Verkehrs innerhalb der verschiedenen Jahreszeiten blieb wohl bis ins 17. Jahrhundert hinein erhalten. Hier mögen vergleichsweise vier von den späteren Bozener Zollraitungen Platz haben.

Tabelle l.

Erhebungszeit	Eisack				Talfer				Zollstange				Quersummen			
	fl.	℔	kr.	fr.	fl.	℔	kr.	fr.	fl.	℔	kr.	fr.	fl.	℔	kr.	fr.
1607																
8. Mai . .	206	—	—	—	82	—	13	3	72	—	44	4	360	—	58	2
8. Oktober	185	—	—	—	43	—	7	2	59	—	42	1	287	—	49	3
14. Januar .	233	—	—	—	48	—	10	4	72	—	54	4	354	—	5	3
Zusammen	624	—	—	—	173	—	31	3	205	—	21	4				
Gesamtsumme: 1002 fl. — ℔ 53 kr. 2 fr.																
1608																
12. Mai . .	201	—	4	—	74	—	12	4	70	—	13	—	345	—	29	4
7. Oktober	164	—	44	—	52	—	18	1	15	—	31	—	232	—	33	1
19. Januar .	256	—	10	—	55	—	8	2	70	—	31	2	381	—	49	4
Zusammen	591	—	58	—	181	—	39	2	191	—	15	2				
Gesamtsumme: 964 fl. — ℔ 52 kr. 4 fr.																
1553																
10. April . .	113	3	—	—	71	1	9	—	38	3	—	—	222	7	9	—
19. Oktober	81	—	6	—	40	—	10	—	75	1	6	—	196	2	10	—
8. Januar .	77	—	3	—	47	1	8	—	67	—	5	—	191	2	4	—
Zusammen	271	3	9	—	164	4	3	—	210	4	11	—				
Gesamtsumme: 652 fl. 2 ℔ 11 kr. — fr.																
1554																
9. April .	88	1	10	—	66	1	8	—	67	3	4	—	221	6	10	—
10. Oktober	140	2	9	—	56	4	7	—	105	3	4	—	302	—	8	—
2. Januar .	81	2	—	—	52	1	8	—	73	4	4	—	206	8	—	—
Zusammen	310	1	2	—	175	2	11	—	247	1	—	—				
Gesamtsumme: 733 fl. 6 ℔. — kr. — fr.																

[1] Innsbrucker Statthaltereiarchiv Codex 337 u. 70.

Erst jetzt wird es möglich sein, die Platzeinnahmen in Beziehung zu setzen mit den ermittelten Zolleinnahmen für die Marktperioden:

Tabelle m.

Jahr	Mitfasten	Egidi	Andreä
1465[1]	39	20	21
	3 Mk. — ß 3 gr.	2 Mk. — ß 3 gr.	2 Mk. — ß 6 gr.
1468	51	24	—
	3 Mk. 2 ß — gr.	2 Mk. — ß. 3 gr.	2 Mk. — ß 6 gr.
1471	43	—	25
	3 Mk. 2 ß. — gr.	2 Mk. 9 ß — gr.	2 Mk. 8 ß — gr.
1475	54	17	—
	2 Mk. 1 ß — gr.	2 Mk. 2 ß. — gr.	2 Mk. 4 ß — gr.
1477	51	—	21
	2 Mk. 3 ß. 7 gr.	2 Mk. 1 ß 9 gr.	1 Mk. 7 ß 10 gr.
1491	46	28	32
	6 Mk. 4 ß — gr.	7 Mk. 2 ß. 2 gr.	5 Mk. 8 ß 4 gr.
1498	63	28	34
	4 Mk. 5 ß 10 gr.	5 Mk. 1 ß — gr.	5 Mk. — ß 3 gr.
1501	50	—	56
	6 Mk. — ß. 6 gr.	6 Mk. 5 ß 4 gr.	4 Mk. 4 ß 2 gr.
1507	59	38	41
	5 Mk. 5 ß — gr.	8 Mk. 7 ß. — gr.	4 Mk. 7 ß — gr.
1522	58	33	—
	6 Mk. 6 ß. 2 gr.	11 Mk. 1 ß. 1 kr. (Egidi und Andreä zusammen)	
1523	69	38	—
	9 Mk. — ß. 3 gr.	6 Mk. 2 ß 9 gr.	8 Mk. 2 ß — gr.
1524	59	41	54
	6 Mk. 5 ß — gr.	7 Mk. 5 ß. — gr.	6 Mk. 2 ß — gr.
1537	—	36	42
	8 Mk. 5 ß 8 gr.	7 Mk. 7 ß. 11 gr.	8 Mk. 8 ß. 4 gr.

Das Resultat ist ein doppeltes: Die Platzeinnahmen stehen höchstens während der ersten Periode bis 1477, wenn überhaupt, so in ganz losem Zusammenhange mit den Zolleinnahmen für die betr. Marktperioden. Zwischen 1477 und 1491 fand vielleicht eine Erhöhung des Platztarifes statt. Von 1491 wuchsen noch immer die Zolleinnahmen für die Marktperioden, wenn auch nicht in ihrem Verhältnisse zur Gesamthöhe der Zolleinnahmen. Nicht so wuchsen die durchschnittlichen Einnahmen für die Marktstände, die, wie die Tabelle a) zeigt, durchaus der Erhöhung fähig waren. Die Jahre 1491, 1507 und 1524 sind hier am besten vergleichbar:

[1] Die Zahlen der ersten Reihe sind die Zolleinnahmen in Mark, die der zweiten Reihe die Platzeinnahmen.

Tabelle n.

Zeit	Marktstände	Zolleinnahmen
1491	19,4 Mk. 6 gr.	108 Mk.
1507	18,9 „ — „	138 „
1524	20,2 „ — „	154 „

Es ist jedoch hierbei zu berücksichtigen, dafs z. B. in der Laubengasse die Stände vor den Gewölben nicht den städtischen Abgaben unterlagen. Von auswärtigen Kaufleuten kamen als Besitzer und Mieter dieser Gewölbe wohl vornehmlich gröfsere Handelsleute in Betracht, so dafs die Zahlen mehr für den Bozen frequentierenden Kleinhandel in Betracht kommen.

Erklärungen für die beobachteten Erscheinungen würden zunächst nur mehr in allgemeinen Erwägungen zu finden sein — etwa: Mit zunehmender Ausdehnung des Verkehrs macht sich der Handel in steigendem Mafse von den Märkten frei, auf die er sich in Zeiten schwacher Verkehrsentwicklung notwendigerweise[1] konzentrieren mufste.

Es kommen aber noch andere Momente in Betracht.

So mag hier mit einer Schilderung der Verkehrsformen geschlossen werden, wie sie aus direkten urkundlichen Erwähnungen hervorgehen:

Ein vorzügliches Bild gibt die Supplikation der Kaufleute, die anläfslich des Befehls, dafs alle wägbaren Güter in Bozen an der Fronwage gewogen werden sollten, an die Innsbrucker Regierung erfolgte[2]: von altersher sei es löbliches Herkommen — und besonders die deutsche Nation habe diesen guten „Kredito und Vertrawen" — „dafs mit villerlei Kaufmannsguettern und waren Under den Handelsleuten auf Glauben und Trauen miteinander gehandelt wirdet, also was wir den Kauffern anzaigen, das Sy dasselb one waiter wegen Messen oder abzelln auf unnser aufsendung und facturey annemen, darmit auch wol zufriedn sind." Die Güter würden einmal am Orte der Aufsendung gewogen; sonst seien sie frei. „Zu dem so werden durch solliche glauben und Trauenthandlung vil Kaufmannswaren auf khonfftiger lifferung verhanndelt." Erst in Abwesenheit der Kaufleute kämen sie in Bozen an. Auch sei eine schnellere Beförderung nötig, damit die Waren die anderen Märkte erreichten.

Neben den Lieferungsgeschäften sind die Kommissionsgeschäfte als typisch für Bozen erwähnt: 1630, gelegentlich einer Kontagion in Italien, wird allen von dort kommenden

---

[1] Vgl. S. 85.

[2] Undatiert. Sicher 1578. Bozener Stadtarchiv. Tiroler Kommerz, Kasten 253.

Kaufleuten der Marktbesuch verboten. Sie werden aufgefordert, ihre Negotia durch Schreiben per Kommission zu besorgen[1].

In der Entwicklung des Marktverkehrs nehmen diese beiden Geschäftsformen folgende Stelle ein: Die Bedeutung der Märkte und Messen beruht vor allem in der Notwendigkeit, in Zeiten geringer Verkehrsentwicklung das Angebot und die Nachfrage — wenn überhaupt — in bestimmten kulminierenden Perioden einander möglichst nahe zu bringen. Diese Konzentration von Angebot und Nachfrage vollzieht sich zunächst in der Form der Anwesenheit der zu verkaufenden Waren und ihrer Verkäufer, der Kaufleute, an dem Meſsorte selbst. Die Entwicklung der Stafettenposten der Fürsten zu Briefposten für jedermanns Benutzung, die sich im 16. Jahrhundert vollzog, war die historische Voraussetzung für die Verbreitung der Kommissionsgeschäfte, d. h. das gewerbsmäſsige Betreiben von Handelsgeschäften für fremde Rechnung und im eigenen Namen[2]; eine Geschäftsart, die so die eine Seite der obigen Bestimmungen, die Anwesenheit der Kaufleute, fallen lieſs. Der sachliche Vorteil dieses Geschäftes beruhte in der Ausschaltung der kostspieligen Faktoren durch andere Kaufleute am Platze selbst, die die Kreditfähigkeit der dorthin verkehrenden Kaufleute, kurz die Lage des Marktes in demselben Grade zu übersehen verstanden wie jene.

Das Lieferungsgeschäft, für das die erhöhte Fungibilität der Waren die Voraussetzung bildete, traf die andere Seite dieser Bestimmungen.

Äuſserst dankenswert sind die Zusammenstellungen Ehrenbergs[3]: Im Mittelalter kam der Kauf nach Probe, wie der Lieferungskauf nur selten vor. „Regel war der Kauf nach Besicht und die sofortige Lieferung der Ware nach authentischer Feststellung durch beeidigte Messer und Wäger.“ Nur bei einzelnen Waren war die Qualität so bekannt, daſs sie unbesehen gekauft wurden, in Norddeutschland z. B. bei Heringen. Nur spanische Kaufmannsbücher aus den Jahren 1542, 1546 und 1569 führen die Lieferungsgeschäfte als typisch an. In Deutschland brachte die Nürnberger Reformation von 1564 Tit. 16 § 1 das Lieferungsgeschäft gegenüber den betr. Paragraphen der Reformationen von 1484 und 1522 zum ersten Male. An dieser Stelle setzt Ehrenberg diese Geschäftsform in Beziehung allein zur Entwicklung der Börsen. Aber auch sonst[4] wird der Unterschied der Märkte von den Börsen ein-

[1] Ratsprotokolle, August 2.

[2] Handwörterbuch der Staatswissenschaften: Adler, Kommissionsgeschäfte.

[3] R. Ehrenberg, Das Zeitalter der Fugger. Jena 1896. Bd. I, S. 69 f.

[4] Handwörterbuch für Staatswissenschaften. Artikel: Börsenwesen und Zeitalter der Fugger I, S. 59.

mal in der Notwendigkeit gesucht, dafs die Waren regelmäfsig nach dem Orte des Geschäftsabschlusses geschafft, dort gelagert, auf ihre Menge und Qualität geprüft und schliefslich wieder nach dem Absatzgebiete geschafft werden müssen.

Das Lieferungsgeschäft dagegen beruht auf der Fungibilität der Ware. Nicht eine besondere, bestimmte Ware wird verhandelt, sondern ein Quantum einer bestimmten, bekannten Warengattung. Jedes beliebige Quantum der bestimmten Warengattung kann vertreten, und es ist ein falscher Ausdruck, zu sagen, dafs die Vertretbarkeit der Ware „nur unvollkommen“ [1] im Lieferungsgeschäfte dem Termingeschäfte gegenüber statthabe. Das Lieferungsgeschäft steht zum Termingeschäfte in dem Verhältnis, dafs dieses eine höhere Stufe der Entwicklung einnimmt, dafs es die Entwicklung des Lieferungsgeschäftes zu seiner Voraussetzung hat. Der Unterschied des Lieferungsgeschäfts vom Termingeschäfte beruht aber, wie Ehrenberg sagt, darin, dafs es sich im Terminhandel überhaupt nicht um die Waren handelt, vielmehr um das Papier, das die Waren vertritt. Das Termingeschäft ist das Börsengeschäft par excellence. „Die Börsenspekulation will ja nicht liefern, bezahlen, sondern sie will die Preisentwicklung beeinflussen.“ „Die Aufgabe der (Börsen)spekulation besteht in der Überwindung der zeitlichen Güterknappheit“ [2].

So ist auch meines Erachtens die Behauptung, dafs, wo die Handelsfreiheit nur eine Ausnahme allgemeiner Gebundenheit des Verkehrs ist, sich noch keine täglichen Börsenversammlungen, sondern lediglich Messen bilden können, ein zulässiger Ausdruck für die allein in der Periodizität liegende formelle Verschiedenheit der Märkte und Messen von den Börsen [3].

---

[1] Handwörterbuch der Staatswissenschaften, Artikel Börsenwesen.
[2] Zeitalter der Fugger, I, S. 51.
[3] Vgl. auch Schlufsabschnitt über die Entwicklung der Marktbesucherschaft zur geschlossenen Körperschaft.

Sechster Abschnitt.

Handlungsbücher.

(Fortsetzung vom Fünften Abschnitt.)

A. Hartpronner-Augsburg.
B. Gauger-Augsburg.
C. Wagner-Bozen.
D. Brunel & Cie.-Augsburg.

Vier Geschäftsbücher sind hier heranzuziehen: ein Bozener, drei Augsburger; das älteste ist das des Bartlme Hartpronner [1]. Die Technik ist einfach: links das Datum und die Gröfse, zum Teil auch der Ort und die Art der gemachten Einkäufe; rechts wird über das Wann, Wo und zum Teil auch Wie der Zahlungen unterrichtet. Beidemal erfolgt Namenangabe des betr. Kontrahenten. So können, da das Buch nur Rechnung ablegt über das einseitige Verhältnis des Hauses zu seinen Gläubigern, weder Jahresbilanzen des im Geschäfte arbeitenden Kapitals, noch Bilanzen über den aus dem Handel im einzelnen erzielten Profit gezogen werden. Es liegt auch kein Kriterium vor, ob allen Beziehungen des Hauses zu seinen Gläubigern Rechnung getragen ist [2].

Es ist aber doch ersichtlich, dafs die Ausdehnung des Geschäftes sehr gering war; freilich nicht so sehr in seinen räumlichen Beziehungen. Hier kamen Frankfurt, Ulm, die Nördlinger Messe, Nürnberg und die Leipziger Messe in Betracht. Von Lorenz Han aus Nürnberg wurden Zucker, Burschatt (anscheinend Tuchsorte) und Nürnberger Waren bezogen. Tuche aller Arten kamen aus Ulm. Der Haupteinkaufsort aber war der Bozener Markt. Von hier bezog man Barette

[1] Augsburger Stadtarchiv, Handlungsbücher Nr. 3.

[2] Seite 67 steht: „zalt ich Im par fl. 138—22 hatt er noch ain bryff um fl. 415 — —.“ Der sonst ständige Ausdruck: „Bin ich im schuldig worden“ ist natürlich betreffs der Frage, wieviel bar bezahlt wurde, unverbindlich.

aus Verona (S. 9), seidene Schleier aus derselben Stadt (S. 18), Schlapen (S. 18), Seidenstoffe aller Art (S. 25).

Hartpronner kaufte aus zweiter Hand; selbst von Einheimischen, von Augsburgern, wurden in Bozen Tuche eingehandelt (S. 6 und S. 21). Die Gröfse der Einkaufsposten ist im Vergleiche mit den in den anderen Geschäftsbüchern vorkommenden Posten überaus gering. Die angegebenen (Tab. a) Summen differieren in ihrem Soll und Haben, teils in beträchtlichem Mafse, zum Teil auch wurde auf die Verrechnung der Kreuzer kein Gewicht gelegt[1]. So war eine Reihe von Konten wegen allzu grofser Ungenauigkeit nicht zu benutzen. Die ausgewählten Konten stellen eine besonders gut geführte Reihenfolge dar. Sie beziehen sich zum gröfsten Teile aufs Jahr 1536. Ausnahmen sind extra angeführt.

(Hierher Tabelle a) S. 89.)

Die Zahlungstermine sind meistens die nächsten Bozener Märkte. Ein beliebiges Beispiel möge hier illustrieren[2].

Tabelle b.

Konto des Bascholini (Pasqualini) de Carsin, Barettmachers von Verona.

Einkaufstermin	Abgemachter Bezahlungstermin	Vereinbarte Kaufsumme fl.	kr.	Datum der erfolgten Bezahlung	Bezahlte Summen fl.	kr.
Pfingsten	Egidi	113	12	Egidi	68	7
				Andreä	45	12
					113	19
Egidi	Andreä und Mitfasten	190	4	Andreä	95	—
				Mitfasten	94	16
					189	16
Andreä	Pfingsten	269	8	Pfingsten	202	—
				Egidi	67	8
					269	8
Mitfasten	Egidi	146	16	Egidi	113	—
Pfingsten	Andreä	341	8	Andreä	208	—
Egidi	Mitfasten	137	8	Mitfasten	305	—
		624	32		626	—

[1] So werden S. 66 bei der Addition zweier Summen einfach 4 kr. ausgelassen.

[2] Konto des Bascholini de Carsin, Barettmachers von Verona (S. 164).

Tabelle a. (Jahr 1537.)

Seite	Name der Verkäufer	Ort	Zeit des Einkaufes	Zahl der Posten	Bezahlter Preis fl.	kr.	s.	h	Bemerkungen
54	Antoni Radis	Verona	Egidi 1536	1	34	—	12	—	—
56a	Jacob Legelter	Ulm	1536 Juli 13—1537 Jacobi	2	335	—	5*	—	Warengattung: Loden
56b	Hans u. Jacob Talfinger	Ulm	Dez. 13	1	84*	—	—	—	Loden
56c	Barthlome Gregker	Ulm	Juli 13 und Februar [1537?]	2	114	—	16	8	Loden und Leinewand
56d	Jorg Kant	Ulm	1538	1	172	—	10	5*	Gundelfinger Loden
58	Benedict Vels	Nürnberg	Juli 28	1	109*	—	—	—	Zucker
59	Martin Weckmann und Hans Heiſs	Ulm	Februar—August 7	2	77	—	14*	—	Perpianisch Tuch
60a	Hanns Ment	Augsburg	August 16	1	16	42*	—	—	Schotter
60b	Antoni Radis	Verona	Andreä 39—Egidi 40	3	811		9	4	Die Summe differiert um 2 s. zu Nachteil des Sollens
61b	Alexander Marttini	Ulm	Mitfasten—November 17	2	14	—	45	—	Nicht angegeben, ob bezahlt
62	Pero Canwallo	Verona	Egidi—Pfingsten 40	12	2329	—	87	20	Davon mit eigenen Waren bezahlt für 46 fl. 26 kr.
63a	Mathias Tutesto	Verona	Egidi	1	84	—	—	—	—
63b	Vigillo	Vicenza	Pfingsten	1	170[1]	—	—	—	Davon mit eigenen Waren bezahlt für 41 fl.
66	Symon Im hoff	Augsburg	November 1—1538 Februar 8	8	824	—	3	4	—
67	Symon Belfant	Verona	Egidi 35—Andreä 38	7	2104	—	105[2]	—	—
68	Jorg Kant	Augsburg	November 18—1539 Juni 24	3	111	—	6*	—	—
69	Vicenzo del Pesa	Verona	Andreä und Egidi 39	2	118	—	4[3]	—	—

* Das Sternchen bedeutet: nicht auf dem Bozener Markt bezahlt.

[1] Differiert um 4 kr. zugunsten des „Habens".

[2] „Soll" und „Haben" stimmen nicht ganz. Nur die sich entsprechenden Summen werden berürksichtigt.

[3] Nur selten kommen Kreuzer vor. Die Währung sonst ist 1 fl. = 20 s. = 240 h.

Die Zahlungen erfolgten teils in Waren (Stichgeschäft), zumeist aber in barem Gelde; Wechsel sind äufserst selten [1]. In engem Konnex stand das Geschäft mit Matheus Hartpronner in Ulm. Auch dieser verkehrte in Bozen, und so findet sich wiederholt die Bemerkung, dafs er für seinen Bruder gezahlt habe [2]. Das Konto des Matheus Hartpronner aber ist ganz allgemein gehalten: „Hab ich verrait" etc. steht auf der Sollseite.

Wenn also auch nicht für diesen einen Fall, in dem gröfsere Ausführlichkeit der Angaben (Namensnennung des vom Bruder befriedigten Gläubigers usw.) erwünscht gewesen wäre, die Technik der Handelsbücher genügte, so war sie doch für den Bedarf im allgemeinen durchaus hinreichend. Es fehlen hier die grofsen internationalen Beziehungen, wie die weiter unten zu behandelnden Geschäftsbücher sie aufweisen. Es fehlt hier der Schwarm der Geschäftsfreunde, Agenten und Kommissionäre, kurz diejenige Form, die den Ausgleich der Verbindlichkeiten durch Mittelspersonen erfolgen liefs. Erst in dem Momente, wo diese Geschäftsform die herrschende war, wurde es nötig, die Beziehungen des Soll und Haben nicht nur zu der Person festzulegen, die auf Grund von Kauf und Verkauf in Relation zu dem betreffenden Geschäfte getreten war, sondern auch zu denen, die den Ausgleich der Verbindlichkeiten übernommen hatten.

Der Charakter der Kleinhandlung zeigt sich auch in dem „Marktbüchlein uff Mitfasten gen Bozen was auszurichtenn und einzubringen ist", mit dem Hartpronner seinen Sohn im Jahre 1655 aussandte. Nur in einem Falle war Zahlung durch Vermittlung vorgesehen. „Johann de gaya" betreffend schrieb Hartpronner ins Buch: „Hab dein fleifsig nachfrang bi augustin bonnema von Velters, ob er Seider wafs mit Im von meinettwegen aufsgericht. Soll noch fl 173 an den oncosten." An die anderen Schuldner hatte sich der Sohn persönlich zu wenden. Die Hartpronnerschen Guthaben hatten schon lange angestanden, wie in einzelnen Fällen extra bemerkt wird. Eine Forderung war gar drei Jahre alt. Eine andere stammte von Egidi 1553. Ganz vereinzelt kamen Posten von über 100 fl. vor. Der gröfste Teil überschritt nicht die Summe von 10 fl.

Und hier ist das Publikum interessant:

Mathe Ainotti, „ain pfaff", schuldete 2 fl. 31 kr. Francesco de Fatto und Jacomo Gando, beide aus dem Veltlin, der erste 2 fl., der zweite 4 fl. 3 kr.; Liberti von Clarisa, ein Maurer, 13 fl. 3 kr.; Symon Tholang, ein Maurer, 1 fl. 11 kr. [3]; „Dome-

---

[1] Z. B. Lorenz Han in Nürnberg (58) mit einem Schuldbrief des Hans Grofs ebendort und einem Wechsel des Ambrosi Mayer befriedigt.

[2] Z. B. S. 67.

[3] Wie aus anderweitigen Bemerkungen hervorgeht, verkaufte H. auch „Roren" in Bozen.

nico de Marck und sein gesell aus volckmenigo" — „haben zu pozenn hinder der wagglocke[1] fail send gewisse leytt" — 9 fl. 30 kr.; Jerardi von Mori — „er wirt aber sorg ich nit kommen 7 fl."; Malfatt von Mori, „ain tuchman", 5 fl. 58 kr.; Acharus, Schuster aus Meran, 3 fl. — „ziech an ain Feiertag hinuf" (nach Meran); Lorenzs de pünt, „Spezier zu Drennt", 9 fl.; Jerg Goldschmid, Schuhmacher zu Kaltern — „hab dein fleiſsige nachfrang, ob Er auſs dem Krieg si komen", 114 fl. 9 kr.; Brannhaſst, Seckler aus Brixen, 2 fl. 4 kr.

Schuldbriefe werden nur zum Teil erwähnt, einmal extra vermerkt: „Hab kain Brieff" [2].

Ganz kleine Leute also, nicht immer aus der unmittelbaren Umgegend, sind es, die hier den Markt besuchten und einkauften. Eigene Verkaufsstände werden bei Domenico de Marck und Bernhartti de gaudi, einem Tuchmanne, erwähnt. Bei ihm waren Erkundigungen über Malfatt von Mori einzuziehen. — In der Eintreibung der Schulden war vorsichtig zu verfahren: „Jann Wanck . . . . darfft nit hinufziechen"; „besich ob Du bim Symon belfant findest waſs Ratt haben wie mans Einbringen möcht. Lang angestanden." Daneben denn die stets wiederkehrende väterliche Ermahnung: „Sich, mach dich bezallt!"

Die Gläubiger waren gröſstenteils auf nächsten Pfingstmarkt vertröstet worden, wo der Geschäftsherr selbst in Bozen erscheinen wollte. Es handelte sich hier um gröſsere Summen, meist über 100 fl.

Auch in früheren Jahren hatte er sich vertreten lassen, so Andreä 1543. Da wurde einem Diener von ihm eine Tonne verdorbenen Lachses konfisziert; und dieser muſste sie mit Hartpronners eigenen Rossen nächtlich zur Stadt herausfahren lassen und im Beisein des Fronboten verbrennen[3]. Diesmal war der Sohn ausgeritten. Für seine Unterkunft in Bozen brauchte er 18 fl. — „zahlt der Hauſsfrawen im Hauſs zu pozen der niderländerin." Es ging ihm schlecht. Von den Schulden kamen nicht 3/8 ein, und die Gläubiger erhielten mehr als eigentlich angesetzt war. So muſste er sein Roſs, „Ein Fuxlin mit sampt dem Sattel aller Ristungk" verkaufen und noch dazu aus „groſser notturft" beim Bascholini[4] 3 fl. leihen. Die Reise war bis Mori geplant.

In ganz anderen Sphären treten wir mit der Behandlung der Bücher des David Wagner aus Bozen[5] und des David

---

[1] Also auf dem Kornplatz.

[2] Auch das Geschäftsbuch führt regelmäſsige Bemerkungen: „hab ain Briff" usw. Dahinter kommen unmittelbar Posten ohne solche Angabe.

[3] Bozener Stadtarchiv. Ratsprotokolle 1543 Dez. 2.

[4] Pasqualini, auch sonst häufig genannt (Barettmacher aus Verona).

[5] Innsbrucker Statthaltereiarchiv.

Gauger aus Augsburg[1]. Nur kurz seien die Unterschiede skizziert, sei der Wert ihrer Angaben geprüft. Das Wagnersche Handelsbuch unterscheidet zwischen zwei besonderen Abschnitten: dem Warenkonto und den Abrechnungskonten mit Geschäftspersonen. Beide stehen in teilweisem Zusammenhang nach dem bekannten Prinzip der doppelten Buchführung. Das Gaugersche Geschäftsbuch führt eine beschränkte Anzahl von Warenkonten (Hessische Kupfer, Kupfer in Proprio, Spinet (?) und Leinwand, Schamblot, Veroneser Waren, Uhren, Warenkonto per Kommission). Bedeutend sind nur das Schafwollen- und Kupferkonto. Persönliche und sachliche Konten sind nicht — wie bei Wagner — getrennt. Weitere sachliche Konten, die bei Wagner gröſstenteils keine Analogie finden, sind das Frankfurter Wechselkonto, Handelsunkosten, Wechselkonto, Boten- und Packkonto, Roſsunkosten, Bozener Marktkonto, Konto des David Gauger und das Kassenkonto.

Sowohl die Technik wie die inhaltliche Bedeutung lassen folgende Scheidungen in der letzten Gruppe aufstellen:

Das Konto des David Gauger[2] umfaſste sämtliche Verluste und Gewinne des Hauses und gab die ungefähr jährlich eingehaltene Bilanz. Die Kassenbilanzen, d. h. die durch Vergleichung der Bareinnahmen und -ausgaben restierenden Gelder der Kassa, finden sich also z. B. im Konto des David Gauger wieder. Dieses Kassakonto war das nächstwichtige. Es zog sich durch das ganze Buch hindurch. Guthaben und Schulden der einzelnen Geschäftskunden konnten natürlich, ebenso wie durch direkte Zahlung, durch Umschreibung eines Schuldners oder Gläubigers des betreffenden Kunden erworben werden.

Auch die Warenkonten — das Schafwollenkonto, das Bozener Schafwollenkonto und das Kupferkonto — ziehen Bilanzen, doch in dem Sinne, daſs hier die an den angegebenen Warenposten verdienten Summen zum Ausdruck gebracht werden muſsten; doch liegt folgender formeller Unterschied vor: Die Bilanz des sich durch das ganze Buch hindurchziehenden Kupferkontos wurde erst im letzten Konto gezogen (S. 267); im vorletzten Kupferkonto (S. 208) waren die Einnahmen sogar geringer. So wurde dem Soll-Haben die gleichmachende Summe von 565 fl. 28 kr. hinzuaddiert, die im nächsten Konto (S. 267) nachgeholt werden muſste. Das

[1] Augsburger Stadtarchiv.

[2] Es gab zwei Konten des David Gauger: Eines handelte von dem persönlichen Verbrauch des Prinzipals. — Die Gröſse des im Geschäfte arbeitenden Kapitals war:

1588, letzten Mai:	33 741 fl. 10 kr.
1589, Juli 31:	26 090 fl. 45 kr.
1590, Dezember 31:	18 884 fl. 33 kr.
1591, März 28:	19 104 fl. 21 kr.

Bozener Schafwollenkonto gibt die Bilanz für jede einzelne Rechnungsperiode an.

Wie die beiden Handelsbücher Wagner und Gauger in formaler Hinsicht die wichtigsten Ergänzungen aufweisen, so wird auch inhaltlich einem jeden seine besondere Stellung anzuweisen sein; eine Stellung, die bedingt ist durch die unterschiedliche Bedeutung des Handelshauses, deren Beziehungen sie schildern. Schon Joh. Müller hat in seinem lehrreichen Artikel über den Augsburger Warenhandel mit Venedig[1] einen charakteristisch unterschiedenen Grofshändler- und Kleinhändlerstand für die Wollenbranche in Augsburg nachgewiesen.

Auch Gauger war ein Grofshändler. Er kaufte die Wolle in Halberstadt, Braunschweig und Erfurt auf, lieferte sie zum Teil nach Süddeutschland, zum gröfsten Teil aber über die Bozener Märkte[2] und nach Bergamo[3].

Über die Gröfse der Geschäfte mag das Bozener Schafwollenkonto Rechenschaft ablegen.

Tabelle c.

Seite	Verkaufszeiten	Säcke	Pfund	Verkaufspreis		Gewinne	
				fl.	kr.	fl.	kr.
150	1589 März 31—Dez. 31	61	19 604	4 524	41	340	40
				— 715	57		
				3 808	44		
150	1590 Febr. 27—April 30	126	47 810	10 369	25	1466	35
295	1590 Nov. 1—März 28	111	46 617[4]	9 006	27		

Die Differenz von 715 fl. 57 kr. auf S. 150 ist so zu erklären: Unter Soll war das Konto pro Conduta nach Bozen mit 715 fl. 57 kr. verrechnet, eine Summe, die augenscheinlich erst in die nächste Rechnung gehörte. Diese Summe wurde dann ins „Soll ich“ oder Haben getragen und zum dritten Male nun wirklich in der nächsten Rechnung erwähnt sub

[1] Archiv für Kulturgeschichte, Bd. I, Heft 1, S. 344.

[2] S. 70: Schafwollkonto soll haben: Bozener Schafwollkonto . . . 2550 fl. 54 kr. speist:
S. 150: Bozener Schafwollkonto mit derselben Summe, siehe auch: Sieveking, Deutsche Handelsschullehrerzeitung, Jahrg. 11, Nr. 38, S. 2.

[3] Aufserdem seien noch folgende Orte genannt, zu denen Gauger in Beziehung stand: Verona, Venedig, Vicenza, Lucca, Florenz, Mantua und Feltre.

[4] Bei Sieveking irrtümlich: fl.

„Soll mir". Die Bilanz auf S. 245 fehlt. Von den 9006 fl. 27 kr. kamen nur 3725 fl. 50 kr. ein. Der Rest war wohl noch nicht verkauft: „David Gauger zum beschlufs 5280 fl. 37 kr." war nicht in der Jahresbilanz als Verlust genannt.

Die Wolle wurde in Bozen in kleinen, in ihrer Höhe untereinander wenig charakteristischen Teilen abgesetzt:

S. 150: 23 Käufer. 7 Käufer mit über 1000 fl.; mit einer Maximalsumme von 1531 fl. 21 kr. S. 245: 15 Käufer auf den Verkaufspreis von 3725 fl. 50 kr.; gröfster Verkaufspreis: 508 fl. 11 kr.

Nicht genau ist die inhaltliche Bedeutung des Bozener Marktkontos zu bestimmen. Es kamen hier Konten in Betracht wie Zahlung von Fuhrlohn, z. B. für Wein[1] und Kupfer; David Wagner-Bozen wurde fürs Kupfer bezahlt und für Forstenheiser-Nürnberg per Kommission Öl gekauft[2]; grofsenteils aber finden sehr summarische Angaben statt, wie: „mer pofsten", „nein debitori"[3] oder „wechsel nach bisanntz" (Besançon). Auch die Konten der genannten Personen geben weder im Marktkonto noch in ihren eigenen, besonderen Konten Aufschlüsse, so dafs eine Begründung der Art der auf dem Markte abgeschlossenen Geschäfte nicht gegeben zu werden vermag.

So läfst sich nur ganz allgemein sagen, dafs die Gesamtsummen der Marktkonten ein Bild von der Höhe der in Verbindung mit dem Bozener Markte gemachten Geschäfte geben — sei es, dafs er als Zahlungstermin aufgestellt wurde, sei es, dafs auf ihm Geld- oder Warengeschäfte abgeschlossen wurden. Doch gilt die Einschränkung, dafs, da auch hier Bilanzen gezogen werden mufsten, Soll und Haben sich nicht entsprachen. Der Überschufs resp. die Unterbilanzsumme wurden der Kassa gut- oder abgeschrieben. Doch sind die Differenzen sehr gering, so dafs die jeweiligen Höchstsummen der Konten hier ihren Platz haben mögen:

Tabelle d.

Jahr	Mitfasten		Pfingsten		Egidi		Andreä	
	fl.	kr.	fl.	kr.	fl.	kr.	fl.	kr.
1588	2493	58	2442	56	5419	59	8000	23
1589	3144	10	4614	16	3888	9	7205	26
1590	2433	44	—	—	6030	1	1415	49

[1] Wein ist einer der gelegentlich erwähnten, nicht besonders kontierten Handelsgegenstände. Rheinwein und Kriegsmaterialien gingen z. B. an den Herzog von Mantua; vgl. dessen Konto [im alphabetischen Verzeichnis].

[2] Vgl. auch Konto Forstenheiser S. 175.

[3] Vielleicht die Wollenabnehmer?

David Gauger übernahm unter besonderer Bevorzugung einer Branche die Vermittlung von Rohprodukten an einen gröfseren Kreis von Abnehmern zu weiterer technischer Verarbeitung; Wagner stellt den zweiten Typus eines Grofshändlers dar, der die fertigen Industrieerzeugnisse von ihrem Herstellungsorte bezieht und ebenfalls in einer Menge von Teilen an andere absetzt. Über seine Beziehungen gibt nachfolgende Tabelle Auskunft:

(Hierher Tabelle e) S. 96—97.)

Verzichtet wurde auf eine Reihe teils nicht bedeutender, teils sich wenig auf den Markt beziehender, teils mit früheren bezüglich der Waren identischer Konten; hier möge eine weniger eingehende Tabelle genügen:

Tabelle f.

Seite	Kaufobjekt	von (Ort)	nach (Ort)
6	Kropffeel (Felle)	Ferrara	Nürnberg
7	Waren aus Augsburg (s. Konto 12a)	Augsburg	Neapel, Salò
8	Kupfer	?	Salò
11	Baumöl	? (Italien)	Nürnberg
13	Schleier	Pesaro	für Rossi-Pesaro verkauft (wohin?)
14	Seide	Neapel	Konstanz (?), Salzburg, Nürnberg, München
15a) u. b)	„Wahren so ich nach Bologna schickh", darunter „Tellatine" u. „Schluzger Juchten"		Bologna [für D. Wagner von Geroldi dort zu verkaufen]
16a	Kupfer	aus Tirol	ebenso
17	Waren aus Ulm	Ulm	u. a. Brescia, Verona [S. 80] und Cremona
18	Konto für Hausbau, Miete usw.		
	Nachtrag[1].		
3	Waren nach Neapel, Schleier, Sangalline u. Augsburger Waren	u. a. Sangallen und Augsburg	Neapel [vom Ficiani in Wagners Interesse auf d. Markt Michaeli zu Salermo verkauft
4	Seidengewand aus Neapel, spanischer Burato, seidene Strümpfe, „spanisch Leibfarb", Cremosina, seiden Toleta, schwarz Erbai, Toleta mit Filisell und seidene Strümpfe	Neapel	u. a. München, Nürnberg, Wien, Salzburg

[1] Diese Konten sind unvollkommen erhalten, da einige Blätter des Buches ausgerissen sind.

Tabelle e.

Seite des Handelsbuches	Kaufobjekte	Ankunftstermin	Verkaufstermin	von:	an:
5	Schleier	?	31. Januar	Bestände aus dem alten Buche und Schmidt-Nürnberg, Troylo-Breslau	nach Neapel
		2. Januar	Mitfasten		Fanzago & Jordan
			Pfingsten		Morbioli
8	Kupfer, Lauferer und Jenbacher	?	Andreasmarkt	Bestände aus dem alten Buche und Freih. v. Wolkenstein	Rätis-Verona; Bonamato-Riva
		2. Januar			Albergino-Salò; Battalia; Bona-Brescia; Gardune-Arco
			Mitfastenmarkt		Bona-Brescia; Batallia-Verona; Benamato-Riva; Rätis-Verona [S. 40]; für sich selbst.
9	Waren aus Ulm: hauptsächlich Ulmer Leinewand u. Ulmer Golschen	2.—31. Januar	?	Bestände aus dem alten Buche und Amann-Ulm	nach Neapel
			Mitfastenmarkt		Cesarpi sotto Janelli; Fonzago und Jordan [?]; Vitelini-Salò [S. 36]; Bona-Brescia; Oldevino-Cremona; Battaglia-Verona; Passo-Ferrara; Gielmoni; Carminali-Venedig (S. 34); Borsa u. Gebrüder; unverkauft.
10a	Tellatin-Juchten	„Adi Monat Jenner“	?	Schön- und Harfsdorfer-Nürnberg	nach Neapel
10b	Jaroslawer Juchten und „gemain Tellatiner“	10. Mai 22. Mai	Pfingstenmarkt	Schön- und Harfsdorfer-Nürnberg	Oldevino-Cremona; Rossij-Pesaro (S. 44); Boza-Venedig (S. 43); Gerold-Bologna[1]
10c	„Gemain Tellatin Juchten“	7. u. 24. Juli	Egidimarkt	Schön- und Harfsdorfer-Nürnberg	Donati-Verona [S. 92]; Fabriani.
	fein Tell Jeroslawer Juchten	24. u. 27. Juli „adis November“	Andreämarkt		Oldevino-Cremona; Boza-Venedig [S. 43]; Campi-Mantua [S. 86]; ferner: nach Bologna, Neapel u. Rom. Schliefslich Lokalverkauf; „Restieren ....“ (9 Häute)

12a	Waren aus Augsburg, d. i. vorzüglich „mehrerlei Barchat, schwarz mit seiden Leistlen, Blau mit seiden Franſsen"; S. 7 besonders vollständig: weiſs Trauben aufgeriebene, weiſs Zotten, schwartze Seyler usw., 22 verschiedene Sorten von Farben.	14. April, Markt Pfingsten	Markt Pfingsten	Fleckhamer-Nürnberg	Neg-Rimini; B. di Signori; Marino; Neg-Rimini; Fr. di Rossi-Pesaro; Vittalini-Salò; Corti; für sich selbst.
12b	Augsburger Waren	26. Juni, Markt Egidi	Egidi	Fleckhamer-Nürnberg	Rossi-Pesaro
		Andreä, Mitfasten 1600	Andreä		B. di Signori-Erben
		Pfingsten 1600	Mitfasten 1600		Suardo-Ancona [S. 85]; Lavagna-Verona; Usubelli-Crema [S. 41]; Litotti & Lazuli; A. Rätis-Verona [S. 87].
			Pfingsten 1600		Basevi, Jude; nach Neapel; nach Ferrara; Cortti-Brescia; Bona-Brescia; Capobianchi-Vicenza [S. 36], Restieren.
12c	Augsburger Waren [= die sub 12b Restierenden]		Egidi 1600	Fleckhamer-Nürnberg	Usubello; Battaglia-Verona; Farelli; Fleckhamer-Augsburg [mehrere Filialen? Rücksendung?]; Restieren.
13a	Waren aus Ulm S. 9: blaicht Sulzer; blaicht Ulmer leinbath; blaicht Ulmer Golschen [verschiedene Sorten durch Zahlen bezeichnet]	14. April	Datum nicht angegeben	Restbestand	Pisotti-Rom; Marbioli; Oldevino-Cremona;
				Amann-Ulm	Baistrahi-Parma [S. 80]; Zanobi-Verona [S. 80]; Neg-Rimini; Zugno-Feltre [S. 81]; Asola; Arigono-Brescia; Neg-Rimini; Carnimali; Boza-Venedig; Vitolini-Salò[2].
16b	Waren aus Konstanz [Konstanzer Leinewand[3]]	„Markt Egidi sanndt er mir"	Egidi	Hans Azenholz-Constanz	Rossi-Pesaro; Carnimali-Venedig.

[1] „für Waren nach Bologna sandt ich dem Gurold." [2] „Sodann Vitolini auf Mitfasten verschinen versprochen und damaln ac (S.) 9 eingebracht worden, setz ich wie daselbst." [3] Diese tela de Alemag sind schon im Spätmittelalter in aller Welt berühmt. Man findet sie in Spanien und im Orient. Vgl. Schulte I, 117 u. Heyd, Ravensberger Gesellschaft, 42 f. Ruppert, Konstanzer Handel, gibt an, daſs sogar noch heute tela di Costanza als Marke auf der Laube in Bozen zu lesen sei.

Die Bezeichnung „Ankunftstermin“ ist zunächst näher zu begründen (Tab. e): S. 5 spielt ein Posten von 60 Schleiern von Schmidt-Nürnberg, der sub Soll Mitfasten erwähnt ist, sub Soll-haben-Mitfasten eine Rolle. Die Beispiele würden zu häufen sein. S. 12a sind die Soll-Daten der 14. April und der Markt Pfingsten. Alle unter diesen Daten erwähnten Waren aber werden schon wieder am selben Pfingstmarkte verkauft. Einmal heifst es auch: „Marckt Egidi sanndt er mir“ (S. 16b).

Ein Vergleich zwischen den Ankunfts- und Verkaufsterminen lehrt, dafs die zum überwiegenden Teile in der Zwischenzeit der Märkte, zum Teil auch zu den Marktzeiten selbst ankommenden Waren meistenteils auf dem ersten, zum mindesten auf den beiden nächsten Märkten fast restlos[1] abgesetzt werden. Es setzt das eine sehr gute Kenntnis des Marktes voraus.

Wo und wie schlofs Wagner seine Einkäufe ab? Suchte er die Bezugsorte auf, sei es persönlich, sei es durch briefliche Bestellung, oder wurden die Geschäfte in Bozen selbst gemacht? Und trugen diese Geschäfte, da die Waren vorzüglich in der Zwischenzeit der Märkte oder zu den Märkten selbst ankamen, den Charakter von Lieferungsgeschäften? Nachgewiesen werden kann ein Lieferungsgeschäft nur einmal: Geroldi sel. Erben senden über Mailand Waren für 3004 fl. 32 kr. auf die Frankfurter Messe an Jonas Schmidel-Nürnberg. Firma David Wagner vermittelte das Geschäft (S. 138).

Für die Zahlungstermine sind keine festen Regeln aufzustellen. Häufig sind sie die nächste Bozener Messe; andere Messen kommen in Betracht: die Frankfurter und die Leipziger (Konto 11). Die Schulden — wenn nicht bar bezahlt wurde — standen selten länger als sechs Monate an.

Für die Bezahlung der Warentransportkosten läfst sich ebenfalls nichts festes aufstellen. Der Transport wird zum Teil von Lieferanten, zum gröfseren Teile vom Käufer bezahlt. Besonders wo es sich um grofse Entfernungen handelte, fand — wie auch sonst — die Bezahlung der Transportkosten durch Geschäftsfreunde statt. Ein solcher Geschäftsfreund war Fleckhamer-Nürnberg und Ravenoldi-Verona (Konto 4). Agenten, die im Interesse des Hauses die gesandten Waren für das Wagnersche Geschäft verkauften, waren Schön & Harfsdorfer-Nürnberg (Konto 11), Geroldi-Bologna (Konto 15a und 15b), Ficieni-Neapel (Konto 3).

Auch über die eingeschlagenen Wege und Strafsen erfahren wir in Verbindung mit den Conduta-Angaben manches Wichtige, so auch rücksichtlich der Wirkungen, die die Bestimmungen an der Stradella zu Verona ausübten: Waren nach Bologna gingen über Ferrara (S. 15); also vorher über Venedig oder

[1] Die angegebenen Restierungen sind nicht bedeutend.

Chioggia; nach und von Neapel via Chioggia-Ferrara (S. 3, 124, 138); von Ulm natürlich über Kempten (S. 127 usw.), von Bologna über Mailand, also mit Umgehung Veronas, nach Frankfurt (S. 139) usw.

Zum Schlufs seien die Einkaufspreise, Gewinne resp. Verluste und Verkaufspreise für die Reihe der oben behandelten Konten tabellarisiert.

Tabelle g.

Seitenzahl	Soll		Gewinn und Verlust*		Sollhaben	
	fl.	kr.	fl.	kr.	fl.	kr.
1	10 217	—	—[1]	—	—	—
2	—	—	—	—	10 722	—
3	—	—	—	—	—	—
4	2 819	18	207	27	3 026	45
5	4 884	10	501	32	5 385	42
6	1 297	—	53	32	1 350	32
7	1 274	60	229	23	1 504	23
8a	7 596	46	390	44	7 987	30
8b	1 475	—	117	30	1 592	30
9	6 355	37	728	8	7 083	45
10a	956	40	231	20	1 188	—
10b	3 515	39	498	47	4 014	26
10c	4 051	48	610	9	4 661	57
11	1 976	54	326	54	2 303	48
12a	807	10	130	2	937	12
12b	2 146	44	272	58	2 419	42
12c	126	48	7	48	134	36
13a	3 162	34	445	56	3 608	30
13b	372	36	36	20	408	56
14	2 956	38	563	6	3 519	44
15a	2 436	21	— 7*	2	2 429	19
15b	3 786	6	284	26	4 070	32
16a	692	42	339	48	1 032	30
16b	638	—	162	28	800	28
17	4 910	12	377	3	5 287	15
18	3 390	37½	255	35	3 646	12

Mit etwa 10 % Gewinn arbeitete das Haus. Es fällt unwillkürlich jenes Florentiner Wort ein, das fürs Mittelalter seine Geltung hatte: „Venticinque per cento è niente, cinquanta per cento passa tempo, cento per cento è buon guadagno.“

In einen vierten Typus — sowohl rücksichtlich der Buchführung wie der Geschäftsführung — gewährt das Augsburger[2] „Journal der Bozener und anderer Märkte“ Einsicht. „Journal“ heifst Tagebuch der laufenden Geschäfte[3]. So wird in

[1] Einige Blätter sind ausgerissen.
[2] Stadtarchiv.
[3] Luschin v. Ebengreuth, Geschichte der Stadt Wien, S. 855.

einem solchen Buche naturgemäfs auf eine übersichtliche Schilderung der intimen Geschäftszusammenhänge verzichtet; verzichtet auf übersichtliche Jahresbilanzen und auf Gewinnberechnungen in jedem einzelnen Falle. Demnach ist die Buchführung eines Journals überhaupt sehr einfach und gliedert sich nach zwei Gesichtspunkten: nach Einnahmen und Ausgaben. In unserm Falle würden sich innerhalb dieser beiden Hauptgruppen folgende Unterabteilungen machen lassen:

1. Einnahmen:
   a) Effektive Einnahmen von den Marktschuldnern, noch von den früheren Märkten her.
   b) Auf dem Markte abgeschlossene Geschäfte, deren Zahlungsausgleich auf einem der folgenden Märkte statthatte.
   c) Auf dem Markte abgeschlossene Geschäfte, deren Zahlungsausgleich sofort stattfand;
      α) gröfsere Konten mit Namensangabe des betr. Schuldners;
      β) kleinere Konten, die sogleich beglichen wurden, offenbar in Bozen im Kleinverkaufe verhandelte Waren betreffend [1].
2. Ausgaben; und zwar ganz verschiedener Natur: Zoll-, Transport- und Zehrungskosten. Einkäufe auf der Lienzer Messe und in Krems [2].

Eigene Einkäufe in Bozen selbst treffen sich kaum an. So leitet denn diese Tatsache sogleich zur Betrachtung des Geschäftscharakters selbst über. Das Buch gehörte der Firma David Brunel u. Cie. in Augsburg [3]. Das Geschäft war augenscheinlich ein weitverzweigtes Unternehmen, das an verschiedenen Orten seine Faktoreien besafs, und das von Augsburg aus geleitet wurde. Von diesen verschiedenen Sitzen der Gesellschaft werden die Warensendungen nach Bozen gesandt sein, die von den dortigen Vertretern abgesetzt wurden. In Bozen selbst war wahrscheinlich eine Niederlage des Hauses vorhanden: Den Abrechnungen, die nach den vier Bozener Märkten gegliedert sind, wird jedesmal eine Aufnahme der in Bozen restierenden Warenbestände beigefügt. Der Wirkungskreis der Faktoren, die, aus den verschiedenen Handschriften des Buches zu rechnen, in den Jahren 1574—1579 mindestens

---

[1] Die Überschrift zu c α lautet gröfstenteils: „Dise nachsteenden haben bar bezallt"; zu c β: „Die nachsteenden wahren umb bar verkaufft". Einmal (S. 10) findet auch sub c β folgende Bemerkung: „Summa umb bar von der Hand verkaufft."

[2] S. unten Tab. h.

[3] Es finden sich im Buche Schuldscheine von den Brüdern Johann e Francisco Linavalli aus Cividale, worin auch bemerkt wird, dafs mit dem Faktor der Firma abgerechnet ist; sodann ein italienischer Geschäftsbrief an Mag. Dauit Brunello in Augusta.

siebenmal wechselten, blieb nicht auf Bozen beschränkt. Um ihren Turnus in einem Jahre (1574) zu verfolgen: Von Augsburg ging es zu dritt auf den Bozener Mitfastenmarkt. Von dort fuhr mindestens ein Faktor auf die Lienzer Ostermesse. Zu Pfingsten wurde wieder in Bozen gehandelt. Daran schlofs sich eine Fahrt nach Krems (27. Juni) und schliefslich die Heimkehr nach Augsburg [1].

Für den Egidimarkt wurde ein neuer geschäftsführender Faktor bestellt. Diesmal wurde im Anschlufs Italien bereist. Zehrungskosten werden erwähnt in Roveredo und Torbole, Fahrt über den (Garda)See, Ausgaben in Cremona, Lodi, Crema und Mailand, dann wieder in Verona und Bozen [2].

Auch der Andreasmarkt wurde neu beschickt. Es scheint sich auch hieran eine italienische Fahrt geknüpft zu haben. Die Überschrift der Warenaufnahme [3] verzeichnet: „In Venedig Lugin Belubin und Botzin"; und die Ausgaben- und Einnahmenbilanz, die am Schlusse jeder Rechnung gezogen wird, drückt sich so aus: Unkostn unnd anndere Ausgab zue Botzin unnd" . . . . . (augenscheinlich: „Italia"). Die generaliter gegebene Unkostensumme ist auch viel gröfser als die in der Rechnung selbst spezifizierten Ausgaben, die sich allein auf Bozen beziehen. Weitere Beispiele würden zu häufen sein [4].

Auch die Einnahmen sind in gröfster Inkonsequenz rubriziert. Davon abgesehen, dafs es sehr umständlich war, die Rubrik 1 c α nochmals zu zerlegen, wenn die Käufer nur einen Teil ihrer Rechnung bar beglichen. Die ganze Rubrik wurde häufig gar nicht mitgezählt; ebenso wurde mit der Rubrik 1 c β verfahren [5].

So wurden, um wenigstens konsequent zu verfahren, in der nächstfolgenden Tabelle von den Einnahmen lediglich die effektiven Einnahmen und der Barerlös vom Kleinhandel in Bozen wiedergegeben und gegenübergestellt. Die Zahl der gröfseren verkauften Posten mit Barzahlung ist gering, zum Teil fehlen sie gänzlich. Da die auf dem Markte abgeschlossenen Geschäfte auf dem nächsten oder zweitnächsten durch Zahlung beglichen wurden, und so die betr. Summen immer wieder in den effektiven Einnahmesummen der nächstfolgenden Märkte

---

[1] Vgl. S. 11—18.

[2] Vgl. S. 32/33.

[3] S. 43.

[4] Vgl. z. B. S. 74 die Unkostensumme in der Schlufsbilanz und die wirklich angegebene. Auch hier sind „Unkosten per Italia" erwähnt. Vgl. auch Egidi 75.

[5] Z. B. Mitfasten in der Einnahmenangabe der Schlufsbilanz nicht mitgerechnet; 1576 Pfingsten mitgerechnet; 1576 Egidi mitgerechnet; 1576 Andreä nicht inbegriffen.

wiederkehren[1], so wurde auch auf die Tabellarisierung der Rubrik 1 b, die natürlich in der Schlufsbilanz nicht mitrechnete, verzichtet.

Als Unkostensumme wurde dann die in der Schlufsbilanz geführte berücksichtigt, wenn diese auch aus den angegebenen Gründen häufig höher ist als in der Rechnung selbst angegeben wurde. So ist die im Geschäftsbuche geführte Schlufsbilanz, die natürlich stets ein grofses Plus aufweist, zum Teil völlig getreu (wenn die Rubrik 1 c α fehlte und sonst konsequent verrechnet wurde), zum Teil annähernd aus unsrer Tabelle ersichtlich. Es ergibt sich also folgendes Bild[2]:

Tabelle h.

Zeit	Empfangene Schulden fl.	kr.	Barerlös (von der Hand verkauft) fl.	kr.	Angegebene Unkostensumme fl.	kr.	Bemerkungen
1574 Mitfasten .	6957	32	984	40	2974	18½	Lienzer Unkosten eingerechnet
1574 Corp. Chr.	4268	10	154	51	3603	11	Krems eingerechnet
1574 Egidi . .	7667	18	420	41	1543	28	
1574 Andreä . .	3886	5	277	5	963	19	
1575 Mitfasten .	8764	23	747	6	234	20	
1575 Pfingsten .	4994	55	594	36	270	2	
1575 Egidi . .	6113	—	201	45	2148	14	
1575 Andreä . .	5087	57	83	13	4337	24	
1576 Mitfasten .	7268	52	558	1	3198	51	Lienz eingerechnet
1576 Corp. Chr.	3051	6	47	25	2596	31	
1576 Egidi . .	8045	1	124	41	451	3	
1576 Andreä . .	5032	25	128	2	641	39	

[1] Natürlich kamen auch hier Unregelmäfsigkeiten in den Angaben vor: Carlo Radysch aus Verona gelobt Pfingsten 1575 zu Andreä zu zahlen: 532 fl. 30 kr. (S. 62)
Er zahlt Andreä wirklich 276 fl. 30 kr. (S. 77)
Und Mitfasten 76 . . . 256 fl. — kr. (S. 86)

[2] Die Feststellung der Warengattungen und der Provenienz der Abnehmer würde etwa dasselbe Bild ergeben wie im Wagnerschen Buche. Hier sei nur bemerkt: Die Firma handelte besonders mit Tuchen, Federn und mit Leder. Ferner kamen vorzüglich oberitalienische Städte in Betracht; einmal auch Siena u. Florenz, S. 9. Auch die Höhe der Einkäufe bietet wenig Neues; z. B.: 1574 Corp. Cr. kommen auf einen erzielten Verkaufspreis von 5206 fl. 16 kr.: 38 Käufer.

Siebenter Abschnitt.

Schlufs: Der Bozener Merkantilmagistrat.

Fassen wir kurz zusammen!

Mit dem 16. Jahrhundert macht sich eine Reihe von Erscheinungen bemerkbar, die auf tiefgehende Umwälzungen im Handelsleben hinweisen. Diese Entwicklung ist dadurch gekennzeichnet, dafs einerseits mit der wachsenden Intensität des Handels und der zunehmenden Fungibilität der Waren, anderseits mit der Erleichterung und Vereinfachung der Beziehungen innerhalb der Kaufmannschaft — begünstigt durch die Einrichtung der jetzt aufkommenden Briefposten —, die Bedingungen für neue Möglichkeiten der Geschäfts- und Verkehrsformen geschaffen werden.

An diese Tendenzen der Entwicklung, die sich in ihren Folgen als Dezentralisation des Handels, als Emanzipation von den Jahrmärkten darstellen werden, wird anzuknüpfen sein, wenn wir schliefslich auf eine dritte Erscheinung zu sprechen kommen, die auf den Bestand der Messen nicht minder zersetzende Wirkungen auszuüben geeignet war.

Es ist eine häufige Erscheinung, dafs da, wo die Bedeutung einer Institution erstirbt, die Formen, in denen sie sich bis dahin durchgesetzt hat, neu geordnet, endgültig kodifiziert werden.

Die Bozener Märkte erhielten im Jahre 1635 das Privilegium der Erzherzogin Claudia.

Die Jurisdiktionen der Kaufleute haben sich zuerst in Italien gebildet, das, wie überall in den technischen Fortschritten im Handelsleben, so auch hier die Pfadfinderin war [1]. Dann ist es vornehmlich das 17. und 18. Jahrhundert, das in den grofsen Handelsstädten Europas die Institution der Kaufmannsgerichte ausbildete [2].

---

[1] P. Huvelin, Essai historique sur le droit des marchés et des foires. Paris 1897, S. 395.

[2] Huvelin, S. 407—411.

So ist es fast selbstverständlich, wenn der Ruf nach einem Handelsgerichte in Bozen zuerst — 1626 — von den welschen Kaufleuten ausgeht[1]. Spätere Gravamina der Deutschen begnügten sich, wenn unter der Zuziehung von Kaufleuten, aber nach „kaufmännischen Stylo", die Judikatur ausgeübt würde. Das war überhaupt der Kernpunkt, auf den die ganze Bewegung abzielte: Das summarische Verfahren, das gegenüber dem ordentlichen Prozesse mit seinen Solemnitäten, seiner Einhaltung bestimmter Aufeinanderfolge der Parteihandlungen und bestimmter Termine — also Formen, die für die laufenden Geschäfte sich naturgemäfs als viel zu schleppend und hemmend erwiesen — ein besonders schleuniges Verfahren darstellte[2].

Dieses summarische Verfahren, die Vorbedingung für die Entstehung von Jurisdiktionen der Kaufleute, hatte gleichfalls — beginnend mit dem 13. Jahrhundert — seine erste Ausbildung in Italien erfahren, und so ist es natürlich, wenn wir in der Entstehungsgeschichte des Bozener Merkantilmagistrats die Statuten italienischer Städte, vor allem Veronas, als mafsgebend und nachwirkend antreffen[3].

Zwei Vorstufen gewissermafsen gehen der endgültigen Regulierung voran. Wohl längst hatte der Bozener Landrichter seine Entscheidungen getroffen unter Beiziehung von Kaufleuten. Als am Ende diese Form nicht mehr genügte, entschlofs sich die Regierung, einen ihrer Vertrauensmänner, David Wagner, an die Spitze der Judikatur zu stellen; dieser hatte in Gemeinschaft mit zwei Assessoren der beiden Nationen die erste, mit drei neu hinzugewählten die zweite Instanz zu repräsentieren.

Der Gesichtspunkt der Nationalität erwies sich auch in der Folgezeit bei der Zusammensetzung des Magistrats als allein ausschlaggebend. Obgleich nach Ablauf der den Wünschen der Kaufleute nicht ganz entsprechenden Judikatur Wagners, der sein Amt nur für solche Fälle ausübte, welche die Kaufleute durch andere als handelskundige Leute zu erörtern für beschwerlich erachteten, es also rein als Einigungsamt auffafste, die Frage eines beizugebenden juristischen Rates zunächst zwar eine Rolle spielte, tritt sie alsbald völlig in den Hintergrund, und schliefslich findet allein das Nationalitätsprinzip bei der Zusammensetzung Berücksichtigung[4].

Ganz anders als z. B. in Leipzig! Hier war der Charakter als Mitglied des Rates von Leipzig erforderlich. Hier wurden die sogen. Assessoren gewählt von den Händlergruppen der

[1] W. Silberschmidt, Die Entstehung des deutschen Handelsgerichtes. Leipzig 1894, S. 102 f.

[2] S. 8, 45 u. 159.

[3] S. 107 f. u. 160 f.

[4] Vgl. S. 104 u. 162.

verschiedenen Städte. Leipzig selbst war dabei bevorzugt. Die Frankfurter (a. M.), Augsburger und Nürnberger hatten je einen Deputierten zu stellen[1].

In Bozen war die Wahl von den mit Zulassung von Zweidrittelmajorität in die Marktmatrikel aufgenommenen[2] Kaufleute jährlich vorzunehmen, doch so, dafs das Gericht erster Instanz, das aus einem Konsul und zwei beisitzenden Räten bestand, abwechselnd von einem Deutschen und zwei Italienern und einem Italiener und zwei Deutschen besetzt werden mufste[3]; das Appellationsgericht hatte dann in den entprechenden Jahren einen Italiener und zwei Deutsche und zwei Italiener und einen Deutschen zu Mitgliedern, so dafs von allen sechs Richtern des gesamten Gerichtes in jedem Jahre je drei deutscher und italienischer Nationalität waren. Im Falle von Verhinderungen usw. konnten sie Ergänzungswahlen vornehmen.

Die richterlichen Kompetenzen dieses allein nach Kaufmannsbrauch und nicht „nach weitläufigem und zierlichen" Prozefsstil urteilenden[4], vereidigten Kaufmannsmagistrates erstreckten sich zeitlich auf die Marktperiode, sachlich auf alle zwischen den matrikulierten Kaufleuten vorfallenden Streitigkeiten, die vom Bozener Markte herrührten. Einbegriffen war die Gerichtsbarkeit über die Versender, Faktoren, Fuhrleute und Säumer, kurz alle dem Markte „zu gutem" dienenden Personen, ausgenommen über Landesuntertanen, die miteinander gehandelt hatten.

Zwecks leichterer Durchführung der erlassenen und zu erlassenden Urteile war der Konsul zur Konfiskation der Güter und Schulden der fallierten Kaufleute berechtigt[5]. Weiter wurde dem Gerichte zur Aufrechterhaltung des Respektes Strafgewalt bis zu 500 fl. gegeben, wovon der dritte Teil und ferner: andere mit Gutheifsen der Immatrikulierten auf die Waren veranstaltete Umlagen die vorfallenden Unkosten zu decken hatten.

Schliefslich stand dem Magistrate zu, mit Zuziehung von zehn deutschen und zehn welschen Kaufleuten das Wechsel-

---

[1] Ernst Hasse, Geschichte der Leipziger Messen. Leipzig 1885, S. 467.

[2] Auch der Markt ist hier also eine Vereinigung von Geschäftsleuten, die sich zu einem gemeinsamen Zweck zu geschlossenen Körperschaften zusammentun. Vgl. Ehrenberg, Artikel „Börsenwesen" im Handwörterbuch für Staatswissenschaften.

[3] Privilegium der Erzherzogin Claudia usw. Gedrucktes Formular vom Jahre 1699, Bozener Stadtarchiv.

[4] Vgl. auch R. v. Canstein, Wechselrecht, S. 3. Ein weiterer, zugestandener prozessualischer Vorteil lag in der Beweisfähigkeit der Bücher der Kaufleute.

[5] Also nicht Personalhaft wie sonst häufig. Vgl. v. Canstein, S. 3.

konto auf andere Handelsplätze festzustellen, aus eigener Machtvollkommenheit die Märkte zu verlängern, die Unterkäufer zu erwählen, weitere Ordnungen zu erlassen und Regeln zu geben, wie sie die Gelegenheit erforderte. In den beiden letzten Fällen war Bestätigung vonseiten der Regierung erforderlich.

Der zweite Teil des Privilegs enthält wechsel- und schuldrechtliche Bestimmungen. Die Zahlperiode begann mit dem achten Tage. Die Akzeptationen der Wechselbriefe erstreckten sich bis auf den zehnten Tag. Sie wurden schriftlich auf den Wechseln selbst verzeichnet. Der Marktschreiber hatte Protestation, d. h. Erklärung des Inhabers des Wechsels, dafs der Zahlungspflicht nicht genügt war, unter gleichzeitiger Wahrung der Regrefsrechte gegen den Wechselaussteller[1], in einem besonderen, öffentlich ausliegenden Buche zu verzeichnen. Das Regrefsrecht auf den Trassanten besafsen auch diejenigen, die sopra protesta, nach erfolgter Protestation annahmen[2]. Sie sollten während des elften Tages, an dem das Mefskonto auf die verschiedenen Plätze gestellt würde, Zeit haben, sich zu bedenken.

Am zwölften Tage begann die Zahlung. Die Skontration, die auf Messen und Märkten durch die Kampsoren und Mefsbankiers zu erfolgen pflegte[3] — und dieser Modus hat wohl für das frühere Bozen zu gelten — wurde durch das Privileg in die Hände des Magistrats gelegt. Wie bis dahin auf den Märkten gebräuchlich gewesen war, sollte jeder in seinem Memorial oder Handbüchlein ein richtiges Verzeichnis von Soll und Haben führen. Die auf Grund dieser Bücher nicht ausgeglichenen Forderungen pflegten auf Messen und Märkten wieder gutgemacht zu werden:

a) durch direkte Zahlung,
b) durch Ausstellung neuer Wechsel,
c) durch die Form der sogen. „girata“, d. h. durch die unter Vermittlung der Kampsoren erfolgende Zirkulierung der auf einen fremden Wechselplatz ausgestellten Wechselforderung unter mehreren Personen des Skontrationsverbandes, wobei das Regrefsrecht des Gläubigers auf den ersten Schuldner im Falle der Nichtzahlung gewahrt wurde.

Die freie Begebbarkeit dieser von seiten des ersten Verkäufers, des Präsentanten, mittelst der Zwischenpersonen, der sogen. sukzessiven Geldleiher, zugunsten des letzten Käufers

---

[1] L. Goldschmidt, Handbuch des Handelsrechtes, Bd. I, S. 457.

[2] Acceptation sopra protesto fand vorzüglich bei Abwesenheit der Trassaten statt. Dann wurde von Geschäftsfreunden häufig die Zahlung übernommen, auch Ehrenzahlung genannt. v. Canstein, S. 27. Auch die eigentlichen Trassaten akzeptierten in Bozen mit Protest.

[3] Vgl. für das folgende: v. Canstein, S. 29 ff.

als Remittenten gestellten Wechselforderung wurde um 1600 von Kaufleuten, auch ohne auf vorhergehende Skontration zu fufsen, ausgeübt. Die Vorteile, die für sie mit dem so gehandhabten Mechanismus verbunden waren, bestanden in der Ausschaltung des Einflusses, den die Bankiers der grofsen Wechselplätze auf den Geldverkehr auszuüben pflegten, wie in der Vermeidung der Kosten und Mühen, die durch deren komplizierte Vermittlung verursacht wurden[1]. Vorzüglich aber in dem Umstande, dafs diese wiederholte Girierung den Bestand der Messen in bedenklichem Mafse bedrohte, lag der Grund für die scharf eingreifende Gesetzgebung jener Zeit gegen die „lettres en blanc“ und die Indossements[2]. Hier war es nun vor allem Bozen, das mit hartem Widerstande durch Jahrhunderte diese umstürzende Neuerung bekämpfte[3]. Das Privileg von 1635 legte den Grund zu dieser Stellung: „Die ins konfftig in kainerley Weis girirte[4] oder überwisne Wechselbrieff“ betreffend, wurde verordnet, „dafs kein eingeschribner Handelsmann schuldig sein wird, dieselben zu bezahlen, wie sie dann auch nicht sollen können eingefordert, intimiert, noch auf diese Brieff Protestationes erhebt und versandt werden, sondern verbleiben dergleichen Brieff gänzlich verbotten, wie man dann auch in andern Märckten also pflegt zu halten.“ Aber was wollten solche Verbote auf Papier gegen den strebenden Geist der Zeiten, alias das Gespenst des modernen Kapitalismus, wie sich Adler ausdrückt[5]. Sie spielten dieselbe Rolle, wie etwa heute Forderungen, die statt auf Milderung der Übergangswirkungen auf die radikale Aufhebung der Trusts und Kartelle dringen.

Jene Zeit ist, der unsrigen darin vergleichbar, reich an sich durchsetzenden Formen auf dem Gebiete der materiellen Entwicklung.

---

[1] Handwörterbuch für Staatswissenschaften. Überaus plausibel vermutet G. Adler, dafs die freie Zirkulation der Wechsel unter den Girokunden einer Bank, die ihre Zahlungen aneinander ursprünglich durch umständliche Umschreibung von einem Konto auf das andere zu bewirken pflegten, als Vorstufe des Entwicklungsganges anzusehen sei (Handwörterbuch f. Staatsw.: Artikel Wechselrecht). — Neu ist nicht die Übertragung des Wechsels, sondern nur die Wirkung der Girate, die eine neue Tratte ersetzte. v. Canstein, S. 27.

[2] Ich kann hier noch ein Schreiben des Frankfurter Rats an den Augsburger (Augsburger Stadtbibliothek, Sammlung Herbstscher Merkantilsachen, 1620 Febr. 9) auszüglich mitteilen: Wegen der jetzt eingerissenen vielfältigen Girierung habe der Rat auf Bitten der Kaufleute vor, eine Wechselordnung zu geben, nämlich, „dafs allein diejenigen Wechsel, so pure und ohne ferner Überweisung gestellt, als von einer Persohn oder Compagnia allain unterschrieben, auch nur an einen Mann oder Compagnia alhie zu bezalen lauten“, gültig sein sollten.

[3] Mayer, Anfänge des Handels in Österreich. S. 87.

[4] Skontration, auch Giro genannt, v. Canstein S. 26.

[5] Hândwörterbuch.

Ihr fahrt hinaus gen India
Und bleibet lange da,
Oder fern in andre Land
Deren viel Euch sind bekannt[1]

heifst es noch in einem Gedichte aus dem 13. Jahrhundert von den Kaufleuten. Jenes Geheimnisvolle, das die Fremde umgab, ist nun geschwunden, und die Ausfahrt war nicht mehr ein Abenteuer. Die Länder waren entdeckt. Es galt nun — wie heute — die Wege dahin auszubauen. So werden wir, den Blick zugleich auf das Allgemeine richtend, mit der Reminiszenz an die Worte eines Historikers der Zeit Karls IX. schliefsen können:

«Le pais s'est peuplé d'hommes, de maisons et d'arbres; on a défriché plusieurs forests, landes et terres vagues, . . . les villes ont esté peuplées et l'invention s'est mise dedans les testes des hommes, pour trouver les moyens de proufiter, de trafiquer et d'avoir de l'or et de l'argent» [2].

[1] F. Falke, Geschichte des deutschen Handels I, S. 247.

[2] Levasseur, Histoire des classes ouvrières en France. Paris 1859, II, S. 48.

Achter Abschnitt.

Anhang.

A. In Verona bandisierte Orte und Landschaften.
B. Waren.
C. Der Veroneser Tarif.

In Verona bandisierte Orte und Länder[1].

Ala
Amsterdam
Antwerpen
Augsburg
Basel
Bozen
Bonn
Brabant, infizierte Orte in
Braunschweig
Brünn
Burghausen
Cambrai
Cassonia (Kaschau?)
Clewe (Land)
Cöln
Constanz
Cremao in Böhmen (Krems?)
Dardezzo
Deventer u. Campen (Westfriesland)
Douai
Düsseldorf
England
Fedozzo?
Fettano (Graubünden)
Fiesè in Tirol?
Frankenthal (Pfalz)
Frankfurt
Geldern
Genf
Görz und Wilinzuin (?)
Graz
Halleta (Halle?)
Hamburg
Harlem
Haye
Heidelberg
Jülich (Land)
Innsbruck
Kempten
Krakau
Leyden
Lille
Lindau
Linz
London
Lübeck
Lüneburg
Memmingen
Miselbach (Mähren?)
Mons im Hennegau
Nichelspurg in Mähren (Nikolsburg?)
Nürnberg
Olmütz

[1] Im Vorstehenden sind aus den Bandimenten die Orte, die für den nordsüdlichen Verkehr in Betracht kamen, ausgewählt. Italienische Orte südlich Veronas wurden nicht berücksichtigt. Manche Orte kamen wohl als Durchgangsorte in Betracht.

Palermo
Pfalz
Posen
Prag
Primiero (Tirol)
Rastatt
Reichenhall
Ruremonde in Geldern (Roermonde)
Sacco und Roveredo (Tirol)
Sagan
Salzburg
Spluga (Paſs oder Dorf?)
Stade
Sterzing
Straſsburg
Trient
Ulm
Visoprano (Vicosoprano, Graubünden)
Wesel
Wien
Worms
Wratislauia (Breslau)

Alphabetisches Verzeichnis der Waren

aus den Bozener Tarifen, den Missiven an Hof (1532 April 13, eingeteilt in Venediger und deutsches Gut), den Veroneser Sanitätsverordnungen und anderen Quellen.

Arch?
Arcken Schönp (Deutsch Gut)?
Arraſs [1]
Barchent (Deutsch Gut)
Baumöl
Baumwolle (Venediger Gut)
Bech oder Bugel [2]
Blei
Bleiweis
Burschatt
Decken
zogen Drät [3]
Eisen
  Eisenwat
  Eisendrat und -werk
  Eisengabeln
  Eisenschaufeln
  Nagelpfannen
Essich
Rote Farbe
Fastenspeise [4]
  Hausen
  Ale
  Parmisankäse
  Reis
  Feigen
  Mandeln
  Weinperl
  Zibeben [5]
  Datteln
  Capern
  Opper
  Citronen
  Limonen
Federn [6]
Feigen
Felle [7]
Feuerschlösser, halb und doppelt
Feuerbüchsen
Feyelwurzen?
Fischbein
Fische
  tote und lebende
  Hausen
  Hering
  Stockfisch
  Lachs
  gesalzene
  Gartseefisch
  Ale
  Karpfen
  Hechte
  Platrissen
  Bückling
Galgand [8] (Venediger Gut)
Galmus? (Venediger Gut)

---

[1] Leichte, ungewalkte Stoffe, Schulte I, 702 (neben Zwillich und Wolle im Tarife).
[2] Eiserner Ring und Beckelhaube? (Schmeller).
[3] Aus Nürnberg.
[4] Regierungsbefehl, betr. die Fischer. S. o. S. 18.
[5] Früchte des Kubebenpfeffers. Stieda, S. 79.
[6] Bettfedern kamen aus Prag.
[7] Felle, z. B. Hirschfelle, kamen aus Prag. Bandiment 1582 Nov. 23.
[8] galgant, Wurzelstock der Alpinia galanga. Erhitzendes, reizendes Arzneimittel. Stieda, S. 97.

Galsen[1]
Garn
Gewürz
Glasscheiben
Gold (guldrein u. silbrein Stuckh. Deutsch Gut)
Grünspan[2]
Hanf
Hare
Harnisch
Häute
Ochsen-
Rofs-
Kuh-
Kalbs-
Schaffell
Hirschhorn
Höggen u. dergl. Kriegsrüstung[3]
Holz
Honig
gemacht Hosen
Ingwer (Venediger Gut)
Käse
Kaslupen
Klingen
Kraut
Knoblauch
Kupfer
Kürschelln und Schlosserwerk
„Kyttl"?
Lasur und Farben
Leinewand (Deutsch Gut)
Leder[4]
gegärbt
gewirkt
ungegärbt
Lizwerk (Deutsch Gut)
Loden (Deutsch Gut)
Lorbeer
Lörget[5]
Madrein? (Deutsch Gut)
Mandeln
Messing (Deutsch Gut)
Muscat (Venediger Gut)
Nägellein[6]
(Nürnberger Waren)[7]
Öl
Loröl
Pannet (Venediger Gut)
Panzer
Papier[8]
Pech
Pfeffer (Venediger Gut)
Pigel[9]
Punndtwerk[10] (Deutsch Gut)
Rechen- und Heugabeln
Reis
Rofshare
Safran[11]
Salz
Schweinefleisch
Schmalz, Dafarer und Engadiner
Schmer[12]
Schuhe, Schürbin? (Deutsch Gut)
Seckelwert und Nürnberger Pfennwert
Messing[13]
Zinn
Kupferdraht
Eisenwaren, wie:
Hammer
Zangenwerk
Schuhanzieher
Kettenringe
Flinten, Flintenschlösser und Messer

---

[1] Gelsengarn? Siebleinenewand (Schmeller, Wörterbuch).
[2] Farbstoff, besonders aus Cöln. Stieda, S. 106.
[3] Hägnbüksn, Hakenbüchsen? (Schmeller.)
[4] Sehr bedeutender Handelsartikel, s. Geschäftsbücher u. Ratsprot. 1593 Juni 25. Ballenträger geben an, dafs 100—200 Ballen jährlich auf die Märkte zur Wage gekommen seien.
[5] Lärchenharz oder Terpentin (Schmeller).
[6] Nelken, Stieda S. 101.
[7] Vgl. Seckelwert.
[8] Aus Ulm kamen Spielkarten und gingen bis nach Süditalien. Jäger, Schwäb. Städtewesen, S. 718.
[9] pigola (Schmeller).
[10] Pelzwerk.
[11] Hauptsächlich aus Aquila, Sammlung Herbstscher Merkantilsachen 1559 Okt. 17.
[12] Fett.
[13] Nürnberger Waren aus dem Bandiment von 1582 Nov. 23; nicht herausbekommen habe ich folgende Bezeichnungen: Ucchie von verschiedener Stärke; Corrone di diverse sorte; Sede per scusir scarpe occhiali; sigolotti.

Räder
ferner:
bemalte Schachteln
Juchten aus Brabant
Glocken
Seges (Sensen)
Seide
gewirkt
ungewirkt (Venediger Gut)
Samat-Seiden, auch
Arras
Seife
Senf und Senfmehl
Silber (Deutsch Gut)
Tell[1]
Tuch, Wollen
Leinen (Zwillich Deutsch Gut)
Golschen
Loden
ganz und halb Tuch oder wullen Pireth und Schlappen[2]
englische, französische und spanische Tücher[3]
Bernisch, Linndisch
Mechlisch, Englisch u. Lofrein(?)
Tücher, Wollentücher (engl.)
Unschlitt
Vitriol
Vieh
Kühe
Kälber
Kastraune[4]
Schafe
Schweine
Kitzen
Wachs
bearbeitetes
unbearbeitetes
Wachstuch
Wagnsen[5]
Gemacht Wamas (Wams?)
Wein
Teritsch?
Wälscher
Vernatscher[6]
Malvasier
Gesotner
Zimatwein (Deutsch Gut)
Branntwein
Wolle
Ziger tosen[7]
Zimatrinde (Venediger Gut)
Zinn
Zitwer (Venediger Gut)
Zöblein (Zobeln, Deutsch Gut)
Zucker (Venediger Gut)
Zwiebeln.

Der Veroneser Tarif würde ein eigenes Buch erfordern. Es ist interessant, bis zu welchem Grade der Unterscheidung dieser Tarif bis zum Jahre 1584 gegangen war: Wollhemden, Wollstrümpfe; Schrank mit eingelegtem Nufsbaumholz, Tafel aus Nufsbaumholz; Stricke und Bänder; Schürzen, Lederschürzen, Doppelgürte; Sägen; Franzen; Wollkratzer; fünf verschiedene Arten Handschuhe; Schleier; 94 verschiedene Arten von Spezereien usw.

Der Veroneser Zolltarif.

Das erste Exemplar des Veroneser Tarifes stammt aus der ersten Hälfte des 15. Jahrhunderts. Das zweite ist gedruckt und stammt aus dem Jahre 1584. Dann existiert noch eine ganze Reihe weiterer Auflagen (alle im Archivio Communale, Verona). Einen der Tarife des 16. Jahrhunderts hier ganz abzudrucken, ist wegen der Reichhaltigkeit der Angaben

---

[1] lat. tellia usw. Leinewand? (Schulte II, 356). Neben anderen Zeugstoffen im Tarif. Oder Juchten? S. o. S. 96.
[2] Schlappen oder Pireth, eine Hutart (Schmeller).
[3] Ratsprot. 1624 März 12.
[4] Kastrierter Widder.
[5] Wagense = Pflugschar? (Schmeller).
[6] Aus Vernazza?
[7] Käsedose.

völlig unmöglich. So soll hier nur die Entwicklungstendenz des Veroneser Zolls auch durch die Nebeneinanderstellung der vergleichbaren und sachlich bemerkenswerten Posten des ersten und zweiten Tarifs gekennzeichnet werden. Abkürzungen: p. A. n. 60. T. heifst: per Ausgang nach 60 Tagen; p. E.: per Eingang; V. i. V.: Verkauf in Verona, oder Verkauf im Veroneser Territorium.

(Hierher Tabellen S. 114—121.)

Untersuchung der Tarife.

Der vieldeutige Ausdruck „per uscita dopo sessanta giorni" will sagen, dafs die angegebene Zeit die zulässige Lagerungsfrist der Waren auf der Veroneser dogana ist. Sonst mufs der für die Ausfuhr angegebene Zoll erlegt werden. Nur einmal ist dies deutlicher gesagt: „Delle dette merze .... pagarono tutte le prenominate merzi per uscita dopo trenta giorni di altro tanto." (vgl. die Besprechung der Tarife im Abschnitt III, Seite 50, Anm. 4).

Eine zweite Frage: Was bedeuten die teilweisen Auslassungen von Ausfuhr- und Einfuhrzöllen und Zöllen für Verkauf in Verona? Liegt hier Kontrabandisierung vor? Als von altersher kontrabandisiert werden erwähnt a. a. O. (Tiroler Kopialbücher, Buch Tirol, 1536 Febr. 4) „goldin und silbrin Tuch, gezogen und gesponnenen Gold und villeicht seydin gewandt" [also grade die Waren, die, wie sich Venedig beklagte, Ende des 15. Jahrhunderts von den Deutschen aus Mailand geholt wurden]. Als neuerdings kontrabandisiert werden erwähnt:

„Wachs, zugker, pfeffer, presili, Zyn, Kupfer, Messing und annder dergl. Metall; wollen wullein auch parchat, Gruenspan, Leder." (Berichte des Bozener Amtmanns.)

Prüfung dieser Angabe bezüglich der ersten Gruppe der kontrabandisierten Waren:

calzette di seta p. E. u. p. A. n. 30 T.

Cremese p. E. u. p. A. n. 30 T.

Lavori di seta schietta etc. p. E. u. p. A. n. 30 T.

Lavori di seta confisello stimati per ogni lire: lire sei p. E. u. p. A. n. 30 T.

Lavori di oro p. E. u. p. A. n. 30 T.

Der alte Tarif: Auri filati et sete laborata p. E. u. p. A. n. 30 T.

Die Tarifangaben und die Angaben der Kopialbücher stimmen also nicht. Vielleicht liegt in beiden Fällen eine Ungenauigkeit der Angaben vor. Wie stand es mit diesen kontrabandisierten Waren, wenn sie aus Venedig kamen?

Der Zweck ist doch mit Rücksicht auf die Mailänder usw. Konkurrenz in dieser Mafsregel völlig einleuchtend!

Tarif aus dem 15. Jahrhundert.

I. Verzollbarer Gegenstand	II. Quantität und Qualität	III. Eingang	IV. Ausgang	V. Verkauf in Verona oder im Distrikt	VI. Zollhöhe ℔	s	d
Panni de ultra montibus	petia	pro introitu	et totidem elapsis sexaginta diebus		1	5	—
				pro venditione in Verona et supra territorio	2	5	—
Panni Mantuani Bresani et Vicentini [alti] . . .	petia	p. E.	p. A. n. 60 T.	V. i. V.	—	12	6
Panni bassi M. B. e. V.	petia	p. E.	p. A. n. 60 T.	V. i. V.	—	5	6
Panni de Mediolano ... (unleserlich) et Florentino et de panis altis cuiusconque baño ex prefatis	petia	p. E.	p. A. n. 60 T.		—	19	—
				V. i. V.	2	16	—
Panni alti de Bergamo et Modoetia (Monza). . .	petia	p. E.	p. A. n. 60 T.		—	12	6
				V. i. V.	2	16	—
Panni bassi de B. e. M. .	petia	p. E.	p. A. n. 60 T.		—	7	6
				V. i. V.	2	16	—
Pannorum grisorum ex territorio Vicentino . .	centenarius brachiorum	p. E.	p. A. n. 30 T.		—	10	—
				V. i. V.	3	2	6
Alti panni Veronensis .	petia		p. A.		—	7	6
		quando conducitur de fullis laborata pro introitu in ratione brachii			—	—	9
Panni suprascripti de fullis laborati	petia Intelligendo petiam longitudinis a brachis 36	p. E.			—	2	5
Panni suprascripti . . .	de quaque petia sive capitio de brachis 36 et abinde infra pro quaque brachio pro ambobus suprascriptis datiis	p. E.			—	1	9
Panni bassi Veronensis .	petia		p. A.		—	3	9
De qualibet petia et in ratione petie Sagigirlande et Berande (?) .		p. E.			—	9	—
			p. A.		—	—	6

Tarif von 1584.

I. Gegenstand	II. Quantität und Qualität	III. Eingang	IV. Ausgang	V. Verkauf in Verona oder im Distrikt	VI. Zollhöhe L	s	d
Panni de oltramonte . .	pezza una	per entrata	per uscita dopo sessanta giorni		1	5	—
				per la venzida in Verona et territorio	2	5	—
Panno alto Mantouano Bressano et Venetiano	pezza una	p. E.	p. A. n. 60 T.	V. i. V.	—	12	6
Panno basso M. B. e. V.	pezza una	p. E.	p. A. n. 60 T.	V. i. V.	—	8	6
Panno alto Bergamasco e di altri luoghi italiani	pezza una	p. E.	p. A. n. 60 T.		—	12	6
				V. i. V.	2	16	9
— basso —	pezza una	p. E.	p. A. n. 60 T.		—	7	6
				V. i. V.	2	16	3
Panni grisi Visentini . .	pezza una de brazza cento	p. E.	p. A. n. 60 T.		—	16	—
				V. i. V.	3	2	6
Panno Veronese	pezza una de brazza 46		p. A.		—	7	6
		Condotto al follo (p. E.)			3	19	6
Panno basso Veronese .	pezza una		p. A.		—	3	9

Tarif aus dem 15. Jahrhundert.

I. Verzollbarer Gegenstand	II. Quantität und Qualität	III. Eingang	IV. Ausgang	V. Verkauf in Verona oder im Distrikt	VI. Zollhöhe ℔	s	d
Stamegne et Stameti Veronensis[1]	de quolibet brachio	p. E.			—	—	6
Grixii panni mezolani bassi Veronensis qui fuerit ex civitate et districtu Veronae .	de quolibet brachio	?	?		—	—	unleserlich
Stamegme	centenarius		p. A.		—	10	—
Stamegme a buratis .	pro qualibet petia	p. E.	p. A. n. 60 T.		—	2	6
Tiringane forensis (?)	petia	p. E.	p. A. n. 60 T.		—	10	—
Trentine nonstrane .	petia		p. A.		—	1	6
Scutella[2] drapi lini forensis	petia iusta extimationem pro ℔. et in rationem libri	p. E.			—	—	3
Pignolati[3] seu fustanei alti de alieno districtu	longitudinis quinquaginta brachiorum	p. E.	p. A. n. 60 T.		—	2	6
	de brachiis 35	p. E.	p. A. n. 60 T.		—	1	3
Cendalis alti[5]	petia	p. E.	p. A. n. 60 T.		—	3	9
Gotarannus seu Valexii (?)	petia	p. E.	p. A. n. 60 T.		—	2	6
Auri filati et sete laborate (Rest verwischt)	pro qualibet libra pretii seu extimationis	p. E.			—	—	3
			p. A. n. 60 T.		—	duos?	—

[1] Stammet: geköpertes, in Wolle gefärbtes Wollzeug (Schulte II, 355). [2] Tuch-Stoffe. [5] Leichter, taffetähnlicher Stoff.

Tarif von 1584.

I. Gegenstand	II. Quantität und Qualität	III. Eingang	IV. Ausgang	V. Verkauf in Verona oder im Distrikt	VI. Zollhöhe L	s	d
Panni bisi e grisi de terre allieni	per ogni braza	p. E.	p. A. n. 60 T.		—	15	—
				V. i. V.	3	2	6
Stamegme e Stametto Veronese	brazza una	p. E.			—	—	6
Mezolan basso . . .	pezza una de brazza 50 stima lire 32	p. E.	p. A. n. 30 T.		—	8	—
Stamegme	brazze 100		p. A.		—	10	—
Spallera overo tiringana	pezza una di brazza 50	p. E.	p. A. n. 60 T.		—	10	—
Spallera nostrana . .	pezza		p. A.		—	1	6
Lino condotto di territorio non Veronese .	balanza una	p. E.			—	—	3
			p. A.		—	1	—
Pignolati	pezza una de brazza 50	p. E.			—	2	6
Fustagni[4]	„la pezza“	p. E.	p. A.		—	1	3
Cendali e Canevazza di seta	lira una alla suttile	p. E.			—	4	—
			p. A. n. 30 T.		—	6	—
Lavori di seta confisello	stimati per ogni lire lire sei	p. E.	p. A. n. 30 T.		—	3	—
Lavori d'oro.	lira una stimati lire 60	p. E.	p. A. n. 30 T.		—	15	—

stoffe. [3] Barchent (Schulte II, Glossar). [4] Nach Fanfari (W.—B.) schlechtere

I. Verzollbarer Gegenstand	II. Quantität und Qualität	III. Eingang	IV. Ausgang	V. Verkauf in Verona oder im Distrikt	VI. Zollhöhe ℔	s	d
Lanne Veronensis suxie vel de istis partibus vel similibus; zugefügt: de marchia trevisine et Lumbardie	centenarius	p. E. (?)				18	
Suprascripte lane . .	que venditur a ℔ viginti vel plus			V. i. V.	—	14	—
Si vero minori pretio venditur.	weniger			V. i. V.	—	11	—
De quolibet centenario suprasscripte lane lavate salvatur duplum suprascripti datii pro Introytu et venditione. Tuche a. d. Territorium · Verona sollen ebenfalls den Zoll geben.							
Lanne forensis lavatae.	centenarius	p. E.			—	17	6
			p. A. n. 60 T.		—	12	6
Lana et lazunecha (?).	centenarius	p. E.	p. A. n. 60 T.		—	4	—
Lini spadolati seu laborati de alieno territorio	balantia	p. E.			—	—	3
Lini cuiuslibet maneriey adducti ex districtu	balantia	p. E.			—	1	—
Lini non spadolati conducti ut supra .	balantia		p. A.		— —	— —	2 5
De qualibet re conducta ad civitatem et districtum Verona de alienis partibus vel territoriis videlicet banbacis speziarie marzarie et spectantium ad merzariam coraminis(folgendes verwischt) .	pro libro extimationis	p. E.	p. A. n. 30 T.		—	—	3
Coraminis non laborati si conducitur extra districtum Veronae.	de quolibet libro pretii		p. A.		—	2	—
Tellarum novarum et veterum	de quolibet libro pretii	p. E.			—	—	3
			p. A. n. 60 T.		—	2	—

I. Gegenstand	II. Quantität und Qualität	III. Eingang	IV. Ausgang	V. Verkauf in Verona oder im Distrikt	VI. Zollhöhe L	s	d
Lana suscida di questa parte come Veronese e di la Marca Trivisiana et Lombardo	per ogni lire cento	p. E.			—	18	—
e per venzida di dette lane se saronno vendute lire vinti dipiù	stima lire vinti			V. i. V.	—	14	—
se sarronno vendute manco di lire venti.				V. i. V.	—	12	—
E se dette lane saranno lavado pagaronno all' entrada e venzida il doppio più etc.							
Lana forestiera lavada.	lire cento	p. E.			—	17	6
			p. A. n. 60 T.		—	12	6
Lana della Zudeccha (Giudeccha in Venedig?)	lire cento	p. E.	p. A. n. 60 T.		—	4	—
Lin condotto de territorio non veronese.	balanza una	p. E.	p. A. (del terrritorio)		—	—	3
Lin non lavorato . .	balanza una	p. E.			—	—	2
			p. A.		—	—	5
speziarie: 1584 94 Rubriken, Zoll verschieden.							
Corame lavorato (Leder)	lire cento stima lire 68	p. E.	p. A. n. 30 T.		—	17	—
Bambaso over cottone (Baumwolle) . . .	per ogni lire cento stima libre 48	p. E.	p. A. n. 30 T.		—	12	—
Bambaso cioè filla di bambaso.	lire 100 stimati Lire 72	p. E.	p. A. n. 30 T.		—	18[1]	—
Corame lavorato . .	lire cento stima lire 68	p. E.	p. A. n. 30 T.		—	17 (s. 3. Position vorher)	—

Die Telle treten uns im Tarif von 1584 in 18 Posten entgegen. Tella grossa forestiera; Tella suttile; Tella de renso di Fiandra (Fanfari: Tela bianca molto fine . . . . detta così perchè venuta della città di Reims in Francia); Tella cambrai; Tella de renso Tedesco; Tella de 70 & 60; Terliso grosso e ruffo (Zwillich); Terliso da Monico; Tella de spere (Fanfari: spera il lustro dei panni); Tella di quarto e terzo cauezzo (Fanfari: cavezza è una sorta di colore di uno smalto); Tella di moschetto (?); Tella suttile; Tella di 60 sbianchezà (weifs); Tella Bambasina; Tella vergada (gestreift).

Die Zollabstufungen finden nicht nach dem Werte statt.

Uns interessieren besonders die deutschen und flandrischen Tuche:

		L	s	d		L	s	d
Tella de renso Tedesco pezza una de brazze 45	p. E.	—	10	—;	p. A. n. 60 T.	1	5	—
Tella de renso di Fiandra pezza una stima lire 75	p. E.	—	18	—;	p. A. n. 60 T.	1	16	—
Terliso da Monico balla una stimà lire 144	p. E.	1	16	—;	p. A. n. 60 T.	3	12	—

[1] Diese ganze Position zahlt also für die einzelnen verzollbaren Waren je entsprechende Zölle, die auch der Zollhöhe des Tarifs aus dem 15. Jahrhundert analog sind.

Tarif aus dem 15. Jahrhundert.

I. Verzollbarer Gegenstand	II. Quantität und Qualität	III. Eingang	IV. Ausgang	V. Verkauf in Verona oder im Distrikt	VI. Zollhöhe ℔	s	d
Cornium cuiuslibet maneriey.	de qualibet libra extimationis	p. E.			—	1	3
			p A.		—	1	6[1]
Oley et in ratione brente conducte de alieno districtu super teritorio Veron. . .	de qualibet brenta	p. E.			—	4	2
			p. A.		1	17	6
Oley Brixiensis conducti in Gardexana.	de qualibet br.	p. E.	p. A.		—	4	2
					An d. Zöllner i. Gard.		
. . . (unleserl.) cuiuslibet alterius fructuum .	de quolibet minale		p. A.		—	2	6
Ferri et azalis[1] scutellarum[2] scartatarum[3] badillorum gomeriorum zaparum et cuiuslibet alterius ferri laborati . . .	de quolibet centenario ponderis	p. E.			—	1	3
			p. A. extra terr.		—	3	9
Ferri non laborati . .	de quolibet centenario	p. E.			—	2	—
Aramiminis[6] aurichalchi[7] bronzii	pro qualibet ℔. pretii extimationis	p. E.		V. i. V.	—	—	3
			p. A.		—	2	3
Guadi[10] et luminis feçe[11] et sogarinii[12] et cuiuslibet alterius laborerii de canevo[13].	de quolibet centenario ponderis		p. A.		—	3	9

---

[1] beides undeutlich. Eisen u. Stahl. [2] Schale zum Trinken oder Untersatz zu Speise-
ferro con manico di legno simile alta pala per cavar fossali o simili (also Schaufel
89, 21. [8] Messing. [9] Rohes Erz. [10] Waid, Schulte II, 122, 3. [11] Bezeichnung
[13] Hanfarbeiten.

Tarif von 1584.

I. Gegenstand	II. Quantität und Qualität	III. Eingang	IV. Ausgang	V. Verkauf in Verona oder im Distrikt	VI. Zollhöhe L	s	d
Oglio condotto in Verona e Veronese . .	brenta una	p. E.			—	4	2
			p. A. del terr.		1	17	2
Frutti d'ogni sorte . .	minalli uno		p. A.		—	2	6
Ferro lavorato come Gomeri Zappi[5] Bodilli[4] Tolle Scartadi Azali et similli sorte et altre de ferro lavorato	per ogni lire cento	p. E.			—	1	3
			p. A.		—	3	9
Rame Ottoni[8] Bronze[9] Grezi (?)	per ogni lire cento alla suttile	p. E.			—	8	6
			p. A.		3	—	—
	E sel sare condotto per il territorio per causa de render a dinaro uno per libra de peso				—	8	4
Rame botta una di alieno territorio per andar a Venezia giusta la parte del' Illustriss. consilio e Signoria					—	6	15
Canevo e lavori de canevo Soghe Guado Lume de fezza	lire suttile cento		p. A.		—	3	9

schüsselchen (Georges lat. W.—B.). [3] Eisensorte, Schulte II, 136, 25. [4] Strumento di
Fanfari). [5] Hacke. [6] Kupfererz, Schulte II, 107, 14 u. 17. [7] Messing, Schulte II,
einer Alaunsorte, Schulte II, 121, 21. [12] Sogaria Tauwerk, Seile, Schulte II, 123, 10.

Die zweite Gruppe der kontrabandisierten Waren stimmt noch weniger mit den Tarifangaben (nur Grünspan ist im Tarif nicht angegeben). Es scheint sich hier lediglich um zeitweilige Schikanen gehandelt zu haben.

Unsere angeschnittene Frage aber löst sich auch in folgender Weise:

Im Tarife finden sich Waren, die ganz sicher eingeführt und ausgeführt wurden, ohne Eingangszoll, nur mit Ausgangszoll, und umgekehrt[1].

Damit steht ein weiteres Prinzip des Zolltarifes fest, nämlich durch die Zollsätze der Ein- und Ausfuhr den Transitverkehr zu regeln — selbstverständlich im Sinne der stadtwirtschaftlichen Interessen Veronas. Einmal nämlich besteht offenbar die Tendenz, der einheimischen Industrie die Bearbeitung von Rohstoffen zu reservieren (vgl. S. 118, Lini und Coraminis). Sodann sind auch von Wichtigkeit die hohen Schutzzölle für die Veroneser Industrieerzeugnisse zwecks Verdrängung ausländischer Tuche auf dem Veroneser Markte (vgl. die Verkaufszölle der Panni). Andererseits tritt die Tendenz deutlich zutage, durch hohe Ausfuhrzölle weitere Warengattungen dem Veroneser Markte zuzuführen. Dafs aber diese Absicht mit den Ausfuhrzöllen verbunden war, macht auch die Tatsache wahrscheinlich, dafs mit einer begründeten Ausnahme die betreffenden Warengattungen nie Verkaufszölle aufweisen. (Vgl. S. 120, Araminis, und S. 121 Rame.)

Verzeichnis der benutzten Literatur.

Acta Tiroliensia, Bd. I, Teil 2 (Südtiroler Notariatsimbreviaturen), herausgeg. von H. v. Voltelini. Innsbruck 1899. — Archivalische Zeitschrift, Bd. X (Baumann, Geschichte des Lechrains und der Stadt München). — Archivberichte aus Tirol, herausgeg. v. E. v. Ottenthal und O. Redlich. Wien u. Leipzig. — Archiv f. Gesch. u. Altertumskunde Tirols. 5 Bde. Innsbruck 1864 ff. (J. Ladurner, Regesten aus tirol. Urkunden und die Edlen von Wanga). – Archiv für Kulturgeschichte. Bd. I (J. Mülller, Augsburgs Warenhandel mit Venedig). — Archiv für Kunde österr. Geschichtsquellen, Bd. XIII (J. Zeibig, Der österr. Ausschufslandtag 1518). — Archiv für österr. Geschichte, Bd. LXXXVI (A. Beer, Die österr. Handelspolitik unter Maria Theresia und Josef II.) und Bd. XC (F. Kogler, Das landesfürstliche Steuerwesen in Tirol).

J. Baader, Chronik des Marktes Mittenwald. Nördlingen 1880. — G. Börlin, Die Transportverbände und das Transportrecht der Schweiz im Mittelalter. Zürich 1896. — F. B. v. Bucholtz, Geschichte der Regierung Ferdinands I. — J. Burckhardt, Die Kultur der Renaissance. 3. Aufl. Leipzig 1877.

---

[1] Vgl. die Positionen: Panni Veronensis quando conducitur de fullis; Stagmi et Stameti Veronensis; Stamegme; Pignolato; Ferri non laborati; Guadi usw.; Canevo usw.

Campagnola, Liber iuris civilis urbis Veronae. Verona 1728. — R. v. Canstein, Lehrbuch des Wechselrechtes. Berlin 1890.

Deutsche Handelsschullehrerzeitung, Jahrg. XI, Nr. 38 (Sieveking über Geschäftsbücher).

C. Eckert, Der Fronbote im Mittelalter. Leipzig 1897. — J. Egger, Geschichte Tirols. — R. Ehrenberg, Das Zeitalter der Fugger. 2 Bde. Jena 1896.

J. Falke, Geschichte des deutschen Handels. 2 Bde. Leipzig 1859. — K. Förderreuther, Die Augsburger Kaufmannschaft in den bayerischen Herzogtümern. Kempten 1892. — W. Foerster, Le saint volt de Luques. Erlangen 1906. — Fontes rer. Austr. Abt. II, Bd. 5. Codex Wangianus, herausgeg. von R. v. Kink.

Geograph. Zeitschrift, Jahrg. XI, Heft 2 u. 10 (J. Müller, Das spätmittelalterliche Transportwesen der Schweiz und Tirols). — L. Goldschmidt, Universalgeschichte des Handelsrechtes. Bd. I. — Grenzboten. Jahrg. 65, Nr. 27—29 (O. Kaemmel, Über den Brenner).

Handwörterbuch für Staatswissenschaften. Artikel: Märkte und Messen, Börsenwesen, Buchführung, Wechselrecht. — E. Hasse, Die Leipziger Messen (Jablonowskische Preisschriften). Leipzig 1884. — W. Heyd, Geschichte des Levantehandels im Mittelalter. 2 Bde. Stuttgart. — W. Heyd, Die grofse Ravensburger Gesellschaft. Stuttgart 1890. — J. v. Hormayr, Kritisch-diplomatische Beiträge zur Geschichte Tirols. Bd. I, Abt. 2. Wien 1803. — A. Huber, Geschichte der Vereinigung Tirols mit Österreich. Innsbruck 1864. — L. Hübner, Beschreibung der hochfürstlichen usw. Stadt Salzburg. Salzburg 1792. — O. Huvelin, Droit des Marchés et foires. Paris 1897.

A. Jäger, Geschichte der landständischen Verfassung Tirols. 2 Bde. Innsbruck 1880 u. 1882. — K. Jäger, Ulms Verfassung, bürgerliches und kommerzielles Leben im Mittelalter. Stuttgart u. Heilbronn 1832. — Jahrbuch für schweizerische Geschichte. Bd. III und IV (E. Öhlmann, Die Alpenpässe im Mittelalter). — M. Jansen, Kaiser Maximilian. München 1905.

F. Keutgen, Untersuchungen über den Ursprung der deutschen Stadtverfassung. Leipzig 1895. — H. Kretschmayr, Geschichte von Venedig. Bd. I. Gotha 1906.

W. Lenel, Die Entstehung der Vorherrschaft Venedigs an der Adria. Strafsburg 1897. — A. Luschin v. Ebengreuth, Münzwesen, Handel und Verkehr, in: Geschichte der Stadt Wien. Wien 1905 (herausgeg. vom Altertumsverein).

P. J. Marperger, Beschreibung der Messen und Jahrmärkte. Leipzig 1711. — M. Mayer, Anfänge des Handels und der Industrie in Österreich. Innsbruck 1882. — Lorenz Meder, Handelbuch... Nürnberg 1558. — Mones Zeitschrift für Geschichte des Oberrheins. Bd. IV u. V (Handelsurkunden). — Monumenta Boica und Germanica.

Nationalkalender für Tirol vom Jahre 1848. — H. Nissen, Ital. Landeskunde. Bd. I. Berlin 1883. — Nuovo Archivio Veneto. Bd. XV (C. Cipolla. Note di storia Veronese).

B. di Pasi, Tariffa di pesi e misuri ... Venetia 1521. — Petermanns Mitteilungen, Bd. LII (F. Rauers, Zur Geschiche der alten Handelsstrafsen). — Prager Studien auf dem Gebiete der Geschichte, Heft VII (O. Wanka v. Rodlow, Die Brennerstrafse).

K. Rathgen, Die Entstehung der Märkte in Deutschland. Strafsburg 1871. — G. dal Ri, Notizie intorno all' industria ed al commercio del Principato di Trento. Programma della J. R. scuola commerziale di Trento. 1887. — S. Rietschel, Markt und Stadt in ihrem rechtlichem Verhältnis. Leipzig 1897. — Ph. Ruppert, Der Konstanzer Handel im Mittelalter. Konstanz 1895.

Sammler für Geschichte und Statistik von Tirol, Bd. IV (Urkunden). — A. Schaube, Handelsgeschichte der romanischen Völker des Mittelmeergebietes. (Handbuch der mittelalterlichen und neueren Geschichte, herausgeg. von G. v. Below und F. Meinecke). München und Berlin 1906. — A. Schulte, Geschichte des mittelalterlichen Handels und Verkehrs zwischen Westdeutschland und Italien. 2 Bde. Leipzig 1900. — A. Silberschmidt, Die Entstehung des deutschen Handelsgerichtes. Leipzig 1894. — A. Simeoner, Die Stadt Bozen. Bozen 1890. — H. Simonsfeld, Der Fondaco dei Tedeschi in Venedig usw. 2 Bde. Stuttgart 1887. — W. Sombart, Die Entstehung des modernen Kapitalismus. 2 Bde. Breslau 1902. — H. Spangenberg, Cangrande della Scala. Bd. I, Berlin 1892. Bd. II, Berlin 1895. — C. Stampfer, Geschichte von Meran. — W. Stieda, Hansisch-venetianische Handelsverbindungen im 15. Jahrhundert. Rostock 1894. — Tiroler Archiv = Archiv für Geschichte usw.

Vierteljahresschrift für Sozial- und Wirtschaftsgeschichte, Bd. III, Heft 2, 3, 4 (J. Müller, Tiroler Rodwesen). — Vierteljahresschrift für Volkswirtschaft und Kulturgeschichte, 1867, Jahrg. V, Bd. 1 (Emminghaus, Märkte und Messen). — H. v. Voltelini, Beiträge zur Rechtsgeschichte Tirols. Innsbruck 1904 (in der Festschrift zum 27. deutschen Juristentage).

B. Weber, Geschichte der Stadt Bozen. Bozen 1849. — G. Wiebe, Geschichte der Preisrevolution des 16. und 17. Jahrhunderts. Staats- und sozialwissenschaftliche Beiträge, herausgeg. von A. v. Miaskowski. Leipzig 1895. — Württemb. Vierteljahreshefte für Landesgeschichte, 1880 (W. Heyd, Über die kommerziellen Verbindungen der oberschwäbischen Reichsstädte mit Spanien und Italien usw.).

Zeitschrift des Ferdinandeums für Tirol und Vorarlberg, Bd. XLIV (W. Rottleuthner, Über Mafs und Gewicht in Tirol). — Zeitschrift des historischen Vereins für Schwaben und Neuburg, Bd. IX (Der Handel in Tirol vonseiten der Fugger). — Zeitschrift für die gesamte Staatswissenschaft, Bd. XVI (G. Schmoller, Über ökonomische Anschauungen im 16. Jahrhundert). — H. v. Zwiedineck-Südenhorst, Die Politik der Republik Venedig während des 30jährigen Krieges. 2 Bde. Stuttgart 1882.

Piererscho Hofbuchdruckerei Stephan Geibel & Co. in Altenburg.

FSC
www.fsc.org
MIX
Papier | Fördert gute Waldnutzung
FSC® C083411

Kolibri 360 GmbH
Ferdinand-Jühlke-Straße 7
99095 Erfurt, Deutschland
produktsicherheit@kolibri360.de

Druck:
CPI Druckdienstleistungen GmbH
im Auftrag der
Kolibri 360 GmbH
Ferdinand-Jühlke-Str. 7
99095 Erfurt

FSC
www.fsc.org
MIX
Papier | Fördert
gute Waldnutzung
FSC® C083411

Kolibri 360 GmbH
Ferdinand-Jühlke-Straße 7
99095 Erfurt, Deutschland
produktsicherheit@kolibri360.de

Druck:
CPI Druckdienstleistungen GmbH
im Auftrag der
Kolibri 360 GmbH
Ferdinand-Jühlke-Str. 7
99095 Erfurt